어프로치만으로
90타, 80타의
벽을 깨는 방법

어프로치만으로 90타, 80타의 벽을 깨는 방법

라이프 엑스퍼트 지음

윤광섭 옮김

집사재

어프로치만으로 90타, 80타의
벽을 깨는 방법

초판 1쇄 인쇄 | 2018년 10월 10일
초판 1쇄 발행 | 2018년 10월 15일

지은이 | 라이프 엑스퍼트
옮긴이 | 윤광섭
펴낸이 | 최화숙
편 집 | 유창언
펴낸곳 | 집사재

출판등록 | 1994년 6월 9일
등록번호 | 1994-000059호

주소 | 서울시 마포구 월드컵로8길 72, 3층-301(서교동)
전화 | 335-7353~4
팩스 | 325-4305
e-mail | pub95@hanmail.net / pub95@naver.com

ISBN 978-89-5775-187-9 13690
값 13,000원

딱 붙이는 '쾌감'을 느껴보자

골프 스코어 메이크에 확실한 열쇠를 쥐고 있는 것이 어프로치이다.

아마추어 골퍼의 경우 어프로치샷의 기회는 한 라운드에 10회, 아니 그 이상이다.

그 중의 반을 '1퍼트의 거리'에 붙이면 이미 스코어를 다섯이나 여섯 개 간단히 줄일 수 있게 된다.

그러므로 골프를 좀 더 알게 되면 '멀리 날리는 것'보다 '붙이는 것'에 훨씬 쾌감을 느끼게 되는데 이유는 간단하다. '멀리 보낸다'는 것만으로는 스코어 향상에 어떤 보증도 되지 못하나 '붙인다'는 것은 그것으로 이미 스트로크를 줄이는 의미가 되기 때문이다.

골프는 어찌하든지 간에 스코어가 좋으면 된다는 얘기를 많이 한다. 그 어찌하든지의 열쇠가 바로 어프로치이다.

벙커샷부터 로브샷까지 어프로치의 비법을 낱낱이 밝혀 놓은 이 책을 열심히 읽은 후 연습에 열중하면 숏게임에 관해서는 완벽해져 당신의 스코어가 눈에 띄게 줄어드는 것을 보증한다.

라이프 엑스퍼트 편

스코어 관리의 열쇠는 역시
어프로치에 있다!

어프로치 기술은 당신을 배반하지 않는다.

골프의 스트로크를 크게 나누면 드라이버나 아이언 풀샷, 주로 웨지를 사용하는 어프로치샷(그린 언저리에서의 벙커샷도 포함) 그리고 퍼터에 의한 퍼팅, 이렇게 3종류가 있다.

그러면 여기서 질문 하나. 싱글 골퍼와 에버리지 골퍼를 비교했을 때 이 3종류의 스트로크 중 확실하게 차이가 나는 것은 어느 것일까?

말할 것도 없이 어프로치이다. 보통의 샷이나 퍼트도 기술이란 점에서 보면 싱글 골퍼와 에버리지 골퍼 간에 상당한 차이가 나는 것이 사실이지만 스코어 관리란 점에서 생각해 본다면 싱글과 에버리지 간에 보다 차이가 나는 것은 어프로치이다.

많은 에버리지 골퍼가 실감하고 있는 것인데 그 이유의 하나는, 풀샷이란 아무리 잘 하는 골퍼라도 그날의 컨디션에 의해 영향을 받기 때문이다. 퍼터도 마찬가지이다. 프로도 싱글도 "오늘은 잘 안 되네" 하는 말이 연신 나오는 날이 반드시 있는데 이런 날에는 좀처럼 컨디션이 나아지지 않게 된다.

그렇지만 샷이나 퍼터가 좋지 않아도 고수들은 그런대로 자기 스코어로 라운드를 끝내는 데 이 의미도 사실은 앞에서 설명했던 답의 이유가 된다. 그렇게 샷이나 퍼터가 좋지 않아도 그런대로의 스코어로 라운드할 수 있는 것은 바로 어프로치가 좋기 때문이다.

샷이나 퍼터의 상태는 그날그날에 따라 다를 수가 많으나 어프로치는 그렇지 않다. 하나의 '형태'나 약간의 테크닉을 몸에 익히게 되면 핀 하나 정도까지는 쉽게 붙일 수 있는 것이 어프로치이다.

100야드 이내의 어프로치샷은 드라이버샷처럼 크게 휠 염려가 없기 때문에 싱글 정도의 수준이라면 특별히 크게 실수할 일은 없다.

또한 퍼팅처럼 컵이라는 작은 목표를 노리는 것도 아니기 때문에 신경을 곤두세울 필요도 없다.

"대강 저 근처에 떨어뜨리면 볼이 자연스럽게 굴러 컵에 붙어 주겠지."

이런 편안한 기분으로 할 수 있는 것이 어프로치이다. 솜씨 좋은 골퍼는 이런 것을 잘 알고 있고 더구나 기술도 있기 때문에 그들은 어프로치를 절묘하게 붙일 수 있다.

그런데 어프로치가 어려운 에버리지 골퍼는, 예를 들어 에지까지 5

야드의 그린 언저리이며 컵까지는 15야드의 오르막인 손쉬운 지점 (프로라면 열에 아홉은 OK 거리에 붙일 수 있는)에서도, 온몸이 단단히 묶어 놓은 것처럼 경직되거나 '너무 흥분되어' 뒤땅이나 토핑 등 어처구니없는 실수를 저지르고 만다. 초보자들은 애써 그린 근처에 와서 어프로치에서 그린을 2번 왔다 갔다 하는 경우도 드물지 않다.

"어프로치만 잘하면 5타 정도는 충분히 줄일 수 있을 텐데……."

거의 모든 에버리지 골퍼가 공감하는 사실이다.

프로의 데이터가 말해주는 어프로치와 스코어의 관계

그러면 실제로 어프로치의 능숙함이 어느 정도 스코어 메이크에 영향을 주는지 프로 골퍼의 데이터를 기준으로 상세히 살펴보자 (2010년 JGTO의 HP에 따름).

우선 프로 골퍼의 실력을 보기 위해 2008년의 평균 스트로크 수 베스트10 선수를 소개하면,

1. 카타야마 신고　　69.57
2. B. 죤즈　　69.82
3. S. K. 허　　70.22
4. D. 스마일　　70.35
5. 야노 히가시　　70.42
6. P. 마크센　　70.49
7. 타니하라 히데토　70.51

8. 무토 토시노리　　70.67

9. S. 콘란　　70.74

9. 후지타 히로유키　70.74

　　다음은 이 10인의 '리커버율'을 살펴보자. 리커버율이란 파온하지 못한 홀에서 파나 그보다 좋은 스코어를 기록한 율을 말한다 (미국 PGA에서는 '스크럼블'이라고 함). 즉 1퍼트 이내로 붙이거나 칩 인을 포함한 확률로 어프로치의 능숙함을 단적으로 보여 주는 숫자라고 말할 수 있다. 이름 앞의 숫자는 리커버율의 순위이다.

　　1. 카타야마 신고　　72.71%

　　17. B. 죤즈　　61.89%

　　4. S.K. 허　　65.92%

　　13. D. 스마일　　63.03%

　　12. 야노 히가시　　63.38%

　　7. P. 마크센　　64.49%

　　29. 타니하라 히데토　60.78%

　　11. 무토 토시노리　　63.56%

　　2. S. 콘란　　66.53%

　　3. 후지타 히로유키　66.43%

　　평균 스트로크 베스트10인 선수 중 5명이 리커버율에서도 베스트 10에 들어가 있다.

양 부문 공히 톱인 카타야마 신고는 당연히 상금왕이 되고 리커버율 2위인 S. 콘란(평균 스코어 9위), 3위 후지타 히로유키(평균 스코어 9위), 4위인 S. K. 허(평균 스코어 3위)도 훌륭한 선수라고 할 수밖에 없다.

리커버율 베스트10에 들지 못한 선수라도 그 순위는 11위, 13위로 상위를 차지하고 있다. 제일 좋지 않은 타니하라 히데토의 순위가 29위이지만 그의 리커버율 또한 평균(50위의 선수로 58.18%)보다 높다. 특히 10명 전부가 리커버율 상위 30위에 랭크되어 있다.

이와 연관되는 샌드세이브율(그린사이드의 벙커에서 2타나 그 이내로 컵인시키는 확률) 1위는 후지타 히로유키로 61.95%, 4위 S. K. 허로 57.95%, 7위 카타야마 신고 55.95%로 되어 있다.

이리 되면 어프로치의 능숙함과 스코어는 비례한다는 것이 틀린 말이 아니라는 사실을 알 수 있다.

'퍼트는 돈이다'라는 말을 자주 하는데 잘 생각해 보면 1퍼트로 컵인시키기 위해서는 컵까지의 거리가 짧은 편이 좋다는 건 말할 필요도 없다. 그러기 위해서는 어프로치로 홀 컵에 반드시 붙여야만 하는, 실은 '어프로치가 돈이다'라는 편이 보다 더 진실이라고 할 수 있다.

골프는 '결과가 제일', 즉 스코어가 전부이다. 이 말은 골프를 잘 치고 싶으면(스코어를 줄이려면) 무엇보다 어프로치의 테크닉을 연마하는 것이 제일의 지름길이라는 것을 알 수 있다.

'장타자는 어프로치가 서툴다'라는 사실

흥미있는 데이터를 하나 더 소개해 드린다. 바로 드라이버의 비거리와 리커버율 및 평균 스트로크의 관계에 관한 데이터이다.

평균 스트로크 베스트10의 선수로 드라이빙 디스턴스 부분(티샷의 평균 비거리)의 30위 이내에 드는 선수는 B. 죤즈(4위, 293.03야드), 무토 토시노리(12위, 289.18야드), P. 마크센(17위, 287.14야드)의 3인뿐이다.

한편 리커버율 상위 4인의 드라이빙 디스턴스는 카타야마 신고가 48위(279.04), S. 콘란은 62위(274.47), 후지타 히로유키는 64위(273.69), S. K. 허는 무려 98위(261.83)로 비거리가 전원 평균이거나 그 이하인 것에 주목해주기 바란다.

한편 드라이빙 디스턴스의 톱 30에 들은 선수를 '장타자'라고 한다면 그 중 평균 스트로크의 톱 30에 들은 선수는 오타 코오메이(드라이빙 디스턴스 2위, 평균 스트로크 14위), B. 죤즈(4위, 2위), 이시카와 료(7위, 16위), 미야모토 가츠마사(11위, 18위), 무토 토시노리(12위, 8위), 카미이 쿠나히로(15위, 23위), P. 마크센(17위, 6위), 카비 신타로(26위, 22위), 이와타 히로시(28위, 20위) 이렇게 9인이다.

리커버율 톱 30을 '어프로치 달인'이라 한다면, 그 중에서 평균 스트로크 톱 30에 드는 선수는 앞의 10인 이외 돈 판(리커버율 5위, 평균 스트로크 11위), 야마시타 카즈히로(10위,25위), 요쿠 카나베(16위,21위), 콘도 토모히로(18위,12위), 테지마 타이치(24위,23위), 사타가타 마키오(26위,28위), 이와타 히로시(27위,20위) 등 7인으로 모두 17명이나 있다.

이러한 사실들은 두 가지의 것을 말하고 있다.

하나는 이미 기술하였다시피 장타자보다 어프로치가 능숙한 선수가 평균 스트로크가 좋다는 사실이다.

또 하나는 장타자보다 '멀리 날리지 못하는 골퍼'가 어프로치를 잘해 결과적으로 스코어도 좋다는 점이다.

그러면 왜 멀리 날리지 못하는 골퍼가 어프로치를 잘해 결과적으로 스코어가 좋은 것일까?

이유는 단순하다. 멀리 보내지 못함 → 파온하지 못함 → 어프로치의 기회가 늘어남이다. 따라서 어프로치가 능숙해지게 된다.

혹은 이렇게도 생각할 수 있다.

비거리는 근력과 파워 등 타고난 신체능력에 의한 부분이 크지만 어프로치는 근력도 파워도 필요치 않다. 그래서 비거리에서는 아무리 해도 장타자에게 이길 수 없는 '멀리 날리지 못하는 골퍼'는 비거리 이외의 어드밴티지를 추구해 어프로치의 기술을 연마한다. 그 결과 이들은 어프로치에 능숙하게 되어 평균 스트로크도 장타자를 상회하게 된다고 본다.

골프의 가장 바람직한 이상은 모든 볼을 파온시켜 1~2퍼트로 끝내는 것이다. 즉, 어프로치를 하지 않고 마치는 것이 된다는 얘기이다. 그렇지만 프로 골퍼들도 평균적인 파온율은 61.81%(50위 선수) 밖에 되지 않는 것을 고려할 때 18홀에서 적어도 7홀은 어프로치를 하지 않으면 안 될 수밖에 없다는 것이 사실이다.

그런데 리커버율이 1위인 카타야마 신고(72.71%)와 100위의 요우이 시(49.52%)처럼 20% 이상 차이가 나면 그것으로도 1~2스트로크가 차이난다. 72홀로 말하자면 그 차는 5~6타에 이르게 되어 어프로치에 서툰 프로는 치명적이라고 말할 수밖에 없다.

어프로치가 중요한 것은 프로보다 아마추어

프로 골퍼의 데이터를 기준으로 얘기해 왔지만 지금까지의 내용은 전부 아마추어 골퍼에게도 해당되는 것들이다. 아니 아마의 경우 파온율이 프로보다 훨씬 낮기 때문에 어프로치의 기회가 훨씬 많다. 그래서 어프로치 기량의 차이는 프로 이상으로 스트로크 차로 나타난다는 것은 말할 필요도 없다.

가령 당신의 파온율이 3할이라고 하면(꽤 능숙하다고 해도 좋다) 18홀 중 12~13홀은 파온이 되지 않고 결국 어프로치를 하지 않으면 안 되게 된다. 이 중 몇 개가 원퍼트 어프로치가 될 수 있을까?

어프로치가 능숙한 싱글은 4~5할의 확률로 파를 잡을 수 있지만 그렇지 못한 에버리지는 1~2할이 겨우이다. 이렇게 되면 이것만으로도 4타 정도의 차가 난다고 할 수 있다. 더군다나 18홀 중 1~2홀 정도만 파온되는 골퍼라면 어프로치의 중요도는 더욱 더 높아지는 것은 말할 필요도 없다.

싱글에 도전 중인 수준의 골퍼 중에는 '나보다 거리가 짧은 싱글' '볼품없는 스윙으로 형편없는 거리의 싱글'을 곁눈질해 가며 "나보다 못한데"라고 내심 혀를 차는 사람도 있지 않을까 싶다.

아마 이런 골퍼는 '멀리 날리는 연습'과 '풀샷 연습'만 하고 있을 가능성이 크다. 그 결과 샷은 '거리가 짧은 싱글'보다 잘 할지 모르지만 스코어는 떨어진다.

한편 '거리가 나지 않는 싱글'이나 '형편없는 거리의 싱글'은 이런 자기 자신을 알고 있기 때문에 어프로치 연습을 철저히 해서 스코어를 관리하고 있다.

즉, '샷은 잘 하는데 어프로치가 서툰 에버리지 골퍼'와 '샷은 형편없는데 어프로치가 능숙한 싱글'의 핸디 차가 만약 5라 한다면 어프로치의 능숙함으로 생기는 스트로크 차는 5 이상이 될 터이다. 바꾸어 말하자면 '거리가 나는 에버리지 골퍼'가 '거리가 나지 않는 싱글'과 같은 정도의 어프로치 테크닉을 갖춘다면 단번에 입장이 바뀌게 될 수 있다는 의미이다.

더구나 어프로치를 미스해 그린 위를 몇 번이나 왕복하고 있는 에버리지 골퍼의 경우는 개선의 여지가 크기 때문에 어프로치가 조금만 좋아지면 1라운드에 5~6타는 바로 줄일 수 있게 된다.

분명히 연습장에서 드라이버를 수십 회 치는 연습도 의미가 있고 젊었을 때는 그런 연습도 필요하지만 어찌해서라도 스코어를 줄이기를 원한다면, 그리고 슬슬 비거리도 한계에 달했다고 생각된다면 드라이버나 풀샷 연습을 반 이하로 줄이고 그 대신 어프로치로 바꾸어야 할 때가 된 것이다.

싱글 골퍼들의 연습을 자세히 관찰해 보시기 바란다. 그들은 대개 연습의 반 이상을 어프로치에 할애하고 있다. 평상시 그다지 연습을 않는 싱글이나 젊은 시절처럼 파워나 유연성도 없는 중/노년의 싱글 골퍼 중에는 라운드 전에 어프로치와 퍼팅만은 반드시 연습한다는 사람이 적지 않다. 혹은 집에서도 2~3야드의 칩샷 연습이나 퍼팅 연습을 거르지 않는다.

그들도 물론 멀리 날리는 것을 포기한 것은 아니다. 그러나 그럼에도 어프로치 연습을 열심히 하는 것은 골프 스코어의 반 이상이 어프로치로 결정된다는 것을 잘 알고 있기 때문이다.

어프로치가 잘 되면 다른 샷도 잘 되는 이유

어프로치가 잘 되면 보통의 다른 샷까지도 잘 된다는 재미있는 이야기를 해 보자.

이유는 두 가지이다.

하나는 어프로치샷은 특별한 샷이 아니고 드라이버를 포함한 모든 샷의 기본이 되는 것이기 때문이다.

어프로치의 기본은 샌드웨지(SW)의 하프샷이다. 다시 말해 로프

트 나름의 높이로 50야드 전후의 거리를 치는 것이다. 그러기 위해서는,

1. 원하는 곳으로(방향)
2. 로프트대로의 높이의 볼을(높이)
3. 스윙 폭대로의 거리로(캐리)

정확히 칠 필요가 있다.

즉 어프로치에는 방향, 높이, 거리라는 스윙에 요구되는 3요소가 전부 포함되어 있다. 그래서 이 3요소를 전부 충족시키기 위해서 몸의 사용법(스윙 프랜), 클럽 처리 그리고 거리감이 정확하지 않으면 안 된다.

풀샷은 이 하프샷의 스윙 폭을 크게 한 것일 뿐이다.

그러므로 본래 풀샷은 잘하는데 하프샷이 어렵다는 것은 말이 안 되는 것이다. 만약 그런 골퍼가 있다면(실은 의외로 많지만) 그것은 하프샷을 일부러 다른 타법으로 하고 있든가, '느슨하게' 치고 있든가 둘 중 하나이다.

올바른 하프샷이 가능하게 되면 그 사람은 풀샷도 힘들이지 않고 좀 더 날려 보낼 수 있게 되고 휘지도 않게 된다. 즉, 어프로치가 잘 되게 되면 보통의 샷도 잘 되게 된다.

미국의 골프 스쿨에서는 완전 초보자에게 어프로치의 기본 중 기본이라 할 수 있는 웨지로 하는 칩샷(10야드 전후의, 일본에서 말하는 칩 앤 런)을 가르치고 있는데 그것은 칩샷을 좀 더 쉽게 익숙하게

하고 또한 골프 스윙의 기본이 되는 것이기 때문이다.

어프로치에 자신이 붙으면 '마음의 여유'가 생긴다.

어프로치가 잘 되게 되면 보통의 샷마저 잘 되는 또 하나의 이유는 멘탈적인 것이다.

어프로치가 잘 되면 언제든지 붙일 수 있다는 자신이 생기기 때문에 무리하게 그린을 공략할 필요가 없게 된다. 이 마음의 여유가 스코어 메이크에 실은 큰 의미를 갖는다.

에버리지 골퍼 중에는 자신의 기량은 생각지 않고 '무조건 핀에 붙인다'는 생각을 가지고 있는 사람이 적지 않다.

결과는 핀 근처에 붙이는 건 1라운드에 1회 있을까 말까로 거의 모든 경우 그린을 벗어난다.

그런데 벗어난 곳이 그린 언저리의 좋은 라이라면 다행이지만 자신의 미스샷의 경향을 파악치 못하고 있다거나 그린에 올리지 못했을 경우의 상황을 예상치 못하여 볼은 말도 안 되는 곳으로 가 버리고 만다. 그리하여 이런 골퍼는 어프로치의 기술이 없다는 이유 하나로 보기 온조차도 안 되는 처지가 되어 결국에는 무수한 더블 보기를 저지르고 마는 경우가 다반사이다.

한편 어프로치가 능숙한 골퍼는 미들 아이언보다 긴 클럽을 사용해야 할 때에는 처음부터 그린까지 보낼 수 없음을 알고 있기에 무리하게 그린을 직접 노리지 않고 그린 언저리를 겨냥하는 경우가 많다. 벙커샷에 자신이 있다면 '붙이기 쉬운 벙커'까지 포함한 보다 넓은 타킷을 설정한다.

당연한 얘기지만 그가 겨냥하는 장소는 무조건 '핀에만 붙이려는' 골퍼보다 훨씬 넓어진다.

그렇게 되면 편안하게 스윙이 되는 것이 골프이기에 기분 좋은 어프로치가 남아 어렵지 않게 파를 잡을 수 있게 된다.

드라이버는 자신이 멀리 나가는 데도 결과는 자신은 보기, 상대방인 '거리가 짧은 싱글'은 파……

에버리지 골퍼의 라운드에는 이런 일이 다반사로 일어나기 마련이다.

'어프로치는 공놀이처럼 쉽다'는 의식을

지금까지 수 페이지에 걸쳐 어프로치의 중요성에 관해 설명하였으므로 충분히 숙지하였을 터이다.

이젠 이 책을 읽고 실천하여 어프로치의 기술을 연마하는 것만 남았는데 여기서 마지막으로 당신의 등을 한 번 더 미는 의미로 마스터즈의 창시자 보비 죤즈의 이야기를 소개하고자 한다.

"칩샷은 그야말로 골프에 있어서 좀 더 스트로크를 줄일 수 있는 곳이다. 지금도 그렇지만 내가 아직 아이언으로 실수를 많이 하고 있을 때 바로 이 칩샷 연습을 하도록 조언을 받았다. 그렇지 않았었더라면 좀 더 많은 스트로크를 잃었을 것이 틀림없다.”

반복하지만 어프로치샷은 특별한 신체능력은 전혀 필요치 않다. 포인트는 클럽 페이스의 어디를 어떤 각도와 방향으로 어느 정도의 스피드로 볼을 맞출 것인가 뿐이다.

그 구성 조합은 그다지 많지 않고 자신이 원하는 볼을 치기 위해 몇 년을 투자하지 않으면 습득할 수 없는 엄청난 고난도의 비법도 필요치 않다.

드라이버의 풀샷과 달리 어프로치샷은 사용하는 클럽의 샤프트도 짧고 스윙 폭도 작다. 볼을 컨트롤하는 것이 드라이버나 롱아이언과 비교할 수 없이 간단하다. 그 증거로 드라이버나 롱아이언으로는 로브샷도 할 수 없고 깊은 러프에서 탈출하는 것도 불가능하지 않은가?

이런 감이 이해된다면 어프로치란 그저 ‘재미있는 공놀이’처럼 아주 쉬운 기술임을 알 수 있다.

에버리지 골퍼는 어프로치의 기본을 모르고 있는 동시에 어프로치를 너무 어려운 것이라고 생각한다. 이치를 이해한 후에 어느 정도 연습을 쌓으면 이렇게 재미있고 스코어 메이크에 직결되는 샷도 없다.

이미지가 떠올랐다면 바로 자세를 잡고 바로 친다. 그러면 둥글게 뭉친 종이를 쓰레기통에 던져 넣듯이 쉽게 볼은 컵을 향하여 가까이 다가간다.

이 책을 읽고 연습을 쌓으면 이런 라운드가 현실이 되는 것을 확신한다.

(본서의 '좌우'에 관한 표기는 독자가 오른손잡이라는 것을 전제로 하고 있다. 왼손잡이 골퍼는 죄송하지만 좌우를 반대로 해서 읽어 주시기 바란다).

| 차례 |

1장

전혀 어렵지 않는-

거리를 딱 맞추어 치는
확실한 방법

거리를 내야 하는 풀샷과 달리, 어프로치는 거리의 미세한 '컨트롤'을 필요로 한다. 이 '미세한 조정'을 어떻게 할 것인가? 많은 사람이 '손의 힘 조절'이나 '적당한 감'으로 쳐서 미스를 하고 있다. 어떤 샷이라 할지라도 '몸을 회전시켜 친다'−골프의 최대 철칙을 다시 한번 기억하기 바란다.

당신의 어프로치가 잘 안 되는 이유

〈 '컨트롤'을 지나치게 의식하고 있지는 않은가? 〉

손이 역할을 하려고 하니 스윙이 이상해진다.

어프로치샷을 잘 하기 위해서는 확실히 해야 할 포인트가 4개 있다.

그것은

1. 거리를 나누어 친다.

2. 볼의 높이를 나누어 친다.

3. 여러 가지 라이에 대응한다.

4. 가장 좋은 공략법을 발견해낸다.

이렇게 4가지인데 1~3은 테크닉이고 4는 머리의 문제이다. 이 4가지가 90%의 확률로 가능하게 되면 아무리 악명 높은 오거스타나 세인트 앤드류스와 같이 어렵게 셋팅한 코스에서도 적어도 어프로치에 관해서는 90%의 확률로 1퍼트 이내에 붙이는 것이 가능하게 된다. 그렇지만 이것이 타이거 우즈라도 불가능한 것은 특히 3의 '여러 가지 라이에 대응한다'는 것이 엄청나게 어려운 것이기 때문이지만 그것에 관해서는 뒤의 장에서 설명하기로 하고 이 장에서는 어프로치에 있어 좀 더 중요한 1의 '거리를 나누어 치는 법'에 관해 해설하기로 하자.

먼저 번에 쓴 '머리가 좋은 골퍼, 머리가 나쁜 골퍼' 중에서, 우리는 '롱게임은 방향성을, 숏게임은 거리감을 중요시한다'는 얘기를 했다.

숏게임, 즉 어프로치샷의 목적은 '컵에 붙이는 것'이지만 이를 위해서는 여기다 하고 결정한 장소에 볼을 옮겨 놓는 것이 대전제가 된다. 그러기 위해서는 그 낙하지점까지의 거리를 정확하게 쳐야 하는데 에버리지 골퍼는 '정확한 거리를 친다'는 것에서부터 이미 불합격인 사람이 많다. 어프로치샷의 경우 생크를 제외하고는 볼이 터무니없는 방향으로 날아가 버리는 일은 거의 없다. 압도적으로 많은 것은 짧거나 길어 버리는 등의 '거리의 미스'인 경우이다(뒤땅이나 탑 볼도 결과적으로는 거리의 미스가 된다).

그러면 왜 어프로치에서는 '거리의 미스'가 많은 것일까?

그것은 어프로치는 99%가 컨트롤샷이기 때문이다. 어프로치샷의 거리가 웨지로 풀샷할 때의 거리라면 얘기는 간단하지만 거의 모든 경우 거리나 볼의 높이, 심지어는 스핀의 정도까지 컨트롤하지 않으면 안 된다. 그래서 이 '컨트롤하지 않으면 안 된다'는 의식이 지나치면 무의식중에 인간은 미스를 저지르고 만다.

구체적으로는 '손으로만 치기'에 의한 미스가 가장 많다. '컨트롤해야지'란 의식이 강하게 되면 인간은 아무래도 손에 의지하게 된다. 왜냐하면 인간의 신체에서 가장 능숙하게 쓸 수 있는 것이 손이기 때문이다.

그렇지만 골프에서는 손에 의지하면 좋은 결과가 나오는 경우가 거의 없다. 손에 임무를 맡기면 능숙한 만큼 때때로 틀린 것이나 쓸데없는 것을 해버리고 만다. 즉, 손만으로의 스윙에는 정확성도 재현성도 많이 부족하다.

카타야마 신고는 '자신의 몸에는 손도 팔도 없다'는 생각으로 스윙을 한다고 한다. 어프로치의 거리감을 키우기 위해서는 먼저 '손에 일을 맡기지 않는다'는 것이 중요하다.

아무리 짧은 거리라도 몸을 회전시킬 것

손에 일을 맡기지 않는다는 것은 뒤집어 보면 '몸에 일을 시킨다'는 것이 된다.

예를 들면 SW(샌드웨지) 하프샷의 경우, 풀샷이 80야드라면 하프샷은 50야드 정도이지만 어프로치의 거리감을 몸에 익히려면 먼저 이 50야드를 '손에 일을 맡기지 말고' 철저하게 연습해야 한다.

기본적인 타법은 풀샷 때와 같이 볼은 양발 한가운데 핸드 퍼스트의 자세를 잡는다. 스탠스의 방향은 몸이 회전하기 쉽게 약간 오픈하는 기분으로도 좋으나 양어깨와 라인과 허리의 방향은 스퀘어이다.

풀샷과 다른 점은,

1. 스탠스의 폭을 약간 좁게 한다.

2. 탑의 위치가 약간 낮게 한다(의식으로는 팔이 수평이 되는 지점).

정도이며 그 외에는 체중이동과 상체의 비틈도 풀샷의 경우와 같이 행한다. 즉, 몸의 회전으로 친다는 말이 된다.

몸의 회전으로 친다는 것은 거리가 30야드에서도 10야드에서도 마찬가지이다. 거리가 짧을수록 스탠스의 폭을 좁히고 탑의 위치도 낮춘다. 또한 체중이동의 정도도 작아지며(스탠스의 폭이 좁아지면 필연적으로 이렇게 된다), 상체를 비트는 정도도 줄어들지만(탑의 위치가 낮아지면 필연적으로 이렇게 된다) 기본적으로 치는 방법은 전부 같은 이치이다.

보통 에버리지 골퍼들은 어프로치샷의 스탠스가 지나치게 넓은 경향이 있다. 스탠스 폭이 넓어지면 몸의 회전이 어려워져 이로 인해 손으로만 치게 되는 원인이 되는 경우가 많다. 또한 스탠스가 넓어지면 클럽 헤드의 궤도가 U자형이 되기 때문에 필요 이상으로 볼이 떠 거리를 낼 수 없게 된다.

거리가 30야드 이내의 경우는 양발을 붙이고 서서 왼발을 축으로 몸을 회전시켜 볼 것. 타이거 우즈처럼 피니쉬가 멋지게 되면 틀림없이 볼은 컵에 붙게 되어 있다.

▶ SW(샌드웨지)의 2가지 타법

SW의 풀샷

클럽은 핸드 퍼스트
로 볼은 몸에 가까이
세트하고 양발의
중앙에 둔다.

허리의 위치(높이)
를 단단히 고정
하고 몸을 돌려서
치는 감각

SW의 하프샷

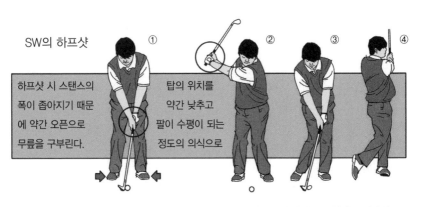

하프샷 시 스탠스의
폭이 좁아지기 때문
에 약간 오픈으로
무릎을 구부린다.

탑의 위치를
약간 낮추고
팔이 수평이 되는
정도의 의식으로

하프샷이나 풀샷도 몸의 회전으로 친다는 의식이 중요

거리감을 확실하게 자신의 것으로
만들기 위해서는

〈 대충 '이 정도쯤이지 않을까' 하고 치지는 않는가? 〉

실전에 강해지는 '거리감을 잡는 방법'

어프로치의 거리감을 몸에 익히기 위해서는 물론 연습이 필요한데 연습 방법에는 2가지 고려해야 할 것이 있다.

하나는, 50야드라면 50야드의 거리를 철저하게 연습해서 자신의 몸에 하나의 '기준'을 만들어야 한다.

또 하나는, 볼을 하나하나 칠 때마다 타킷을 바꾸어 50야드, 60야드, 40야드처럼 거리를 잘라 연습한다.

둘 다 나름대로 의미가 있다. 자신의 몸에 이 정도면 50야드다 하는 '기준'이 있으면 비장의 무기가 된다는 것이 하나인데 '50야드라면 반드시 한 뼘 이내에 붙일 수 있다'라고 할 정도로 연습을 하면 그것만으로도 실전 라운드에서 큰 무기가 된다. 이런 자신이 있으면 결과는 물론 스윙이 헷갈리지 않고 불안감이 없어진다. 골프는 헷갈림이나 불안이 생기면 100% 미스하게 되어 있다.

또한 50야드의 '기준'이 확실하게 있으면 '60야드는 이 정도', '40야드는 이 정도' 등 응용하기가 쉬워진다. 자신의 50야드에 약간의 증감을 하거나 빼면 되기 때문이다.

물론 후자의 연습방법이 좋은 것은 훨씬 실전적이다라고 할 수 있기 때문이다. 실제 라운드에서 어프로치샷을 할 경우 매번 거리가 다르다. 보폭으로든 눈대중으로든 캐리로 45야드를 쳐야 한다고 결정되면 연습없이 바로 그 거리를 치지 않으면 안 된다. 리허설도 없이 바로 무대에 올라야 하는 배우 같은 경우이다. 그렇지만 연습에서 매번 한 타씩 거리를 달리해서 치는 연습을 했다면 '45야드를 친다'라고 결정되면 반사적으로 "이런 감일 거야" 하는 스윙의 이미지가 떠오를 수 있다.

이 '이런 감'이란 이미지는 거리만이 아니고 볼의 높이나 스핀을 거는 정도 등 쳐내야 하는 볼의 구질이나 스피드에 따라 달라지지만, 특별히 여기서는 자신만의 이미지를 만들어 내는 것이 중요하다. 그리고 이 이미지는 연습이나 라운드에서 갖가지 어프로치를 시도해 보았다는 경험이 축적되어야만 비로소 생겨나게 된다.

결국, 어느 쪽 연습방법이 좋은가는 어느 쪽이 그 골퍼에게 이미지를 연출해 내기 쉬운가에 달려 있다.

어프로치에만 한정되지 않고 티샷이나 퍼팅에도 항상 연습없이 바

로 실전에서 클럽을 휘두르지 않으면 안 되는 골프에서는 지금 쳐야
하는 볼의 이미지가 무엇보다 중요한 이유가 바로 여기에 있다.

거리를 맞춰 치는 2가지 방법

어프로치의 거리를 맞춰 치는 데는 2가지 방법이 있다.

하나는, SW(샌드웨지)라면 SW 하나를 사용해 스윙 폭과 페이스
의 오픈 정도, 그립, 스탠스 폭, 스탠스 방향 등으로 거리(볼의 높이,
스핀의 정도)를 조절하는 방법과 또 하나는 아주 간단한데 클럽을 바
꾸는 방법이 있다.

전자의 경우, 거리를 내기 위해서는

1. 스윙 폭을 크게 한다.

2. 페이스를 닫는다.

3. 그립을 길게 잡는다.

4. 스탠스 폭을 넓힌다.

5. 스탠스 방향을 스퀘어로 한다.

등의 어떤 방법 혹은 복수의 시행법을 조합하는 것이 보통이다.

거리가 짧은 경우는 이것과 반대로

1. 스윙 폭을 줄인다.

2. 페이스를 연다.

3. 그립을 짧게 쥔다.

4. 스탠스 폭을 줄인다.

5. 스탠스의 방향은 오픈으로 한다.

등이 기본이며 이것들을 조합해서 짧은 거리를 친다.

2장에서 상세하게 설명하겠지만 자세나 치는 법을 바꾸면 거기에 따라 볼의 높이나 스핀양이 변하게 된다. 즉, 같은 거리를 치는 데도 캐리나 런의 비율이 제각기 다르고 그 조합의 경우도 무수히 많아 SW 하나로도 1야드로부터 80야드 정도까지의 거리를 맞춰 치는 것이 가능하다.

후자의 클럽을 바꾸는 방법은, 예를 들어 SW의 하프샷이 50야드인 골퍼라면 AW(어프로치웨지)의 하프샷은 60야드, PW(피칭웨지)는 70야드가 될 것이다. SW를 오른쪽 무릎에서 왼쪽 무릎까지 휘두르는 칩샷이 10야드라면 AW는 12야드, PW는 14~15야드 정도로 스윙은 전혀 바꾸지 않고 거리조절이 가능하다.

이렇게 설명하면 보통은 후자의 경우가 스윙의 편차가 작기 때문에 마스터하기 쉽다고 생각하는 사람이 많다. 레슨서에도 그렇게 쓰여 있는 경우가 많으나 실제로는 어느 쪽이 좋다고는 한마디로 말할 수가 없다.

예를 들면 미국 프로 골퍼들은 타이거 우즈나 필 미켈슨처럼 로프트가 60도 이상이나 되는 LW(로브웨지) 하나로 여러 경우의 거리에 맞춰 치는 타입이 많은데 그건 그들이 LW를 말 그대로 자신의 몸의 일부가 될 정도로 연습하고 있기 때문이다.

일본의 프로 마루야마는 10살 때 골프를 시작할 당시 모래밭에 놀러가는 꿈을 꿀 정도로 벙커에서 몇 시간이고 SW와 씨름했다고 알려져 있다. 이렇게 하여 그들은 손으로 공을 던지듯 어느 경우에도 하나의 웨지로 잘 대응하게 된 것이다.

물론 그런 그들도 라이에 따라 PW나 숏아이언을 사용하지만 그건 어디까지나 미스의 확률을 고려해서이다. 상식적으로 PW의 피치 앤 런으로 붙일 수 있는 경우에도 능숙하게 사용할 수 있는 LW로 스핀을 거는 편이 붙일 가능성이 높다고 판단되면 그들은 당연하다는 듯이 LW를 잡는다.

아마추어 중에도 이런 타입의 골퍼가 제법 있다. 경험이 많은 중상급자들이 대부분이지만 거의 모든 어프로치를 SW나 PW 하나로 하고 있다. 그 이유로는 골프를 시작할 때부터 무조건 SW로만 해왔거나(그린 근처에 몇 개의 클럽을 갖고 갈 수가 없으므로), 아니면 9번 아이언으로 굴리는 것을 해본 적이 없거나 아마 둘 중 하나의 이유이다. 이런 골퍼에게는 거의 모든 경우 SW가 다른 어떤 클럽보다 안심이 되는 것은 두말할 필요도 없다.

그렇지만 오랫동안 SW 하나만 구사하던 베테랑 골퍼가 티칭 프로로부터 숏아이언의 굴리는 법을 배워 열심히 연습한 결과, "뭐야, 이렇게 간단히 붙일 수 있잖아!"라고 깨닫는 경우도 있다.

어프로치 연습은 단조로워 지속적으로 하기가 어렵다. 그럴 때는 평소와 다른 클럽을 사용해 볼 것을 권한다.

▶ 거리를 맞춰 치기 위해서는?

⊙ 거리를 내기 위한 방법

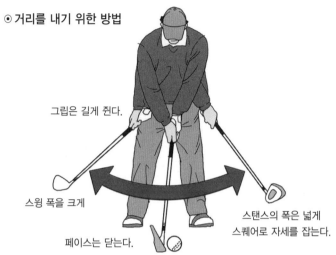

그립은 길게 쥔다.

스윙 폭을 크게

페이스는 닫는다.

스탠스의 폭은 넓게
스퀘어로 자세를 잡는다.

어떤 클럽을
잡더라도 동일

⊙ 거리를 내지 않기 위한 방법

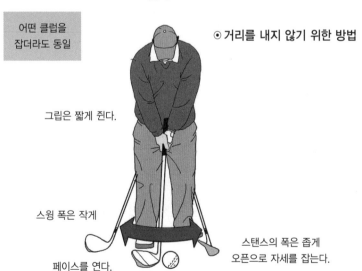

그립은 짧게 쥔다.

스윙 폭은 작게

페이스를 연다.

스탠스의 폭은 좁게
오픈으로 자세를 잡는다.

볼이 날아가는 높이를 항상 의식해야

〈 항상 '사뿐하게 띄우려고' 하고 있지는 않은가? 〉

어프로치의 '타구'를 항상 일정하게 하는 의미

프로 골퍼는 곧잘 '타구를 일정하게 하는 것이 중요하다'라고 한다. '타구'란 날아가기 시작할 때의 방향과 높이를 말하는 것으로 같은 클럽, 동일한 타법으로 가격한 이상, 이 두 가지가 일정치 않으면 결과적으로는 거리, 방향 모두 OK라고 해도 프로는 만족할 수가 없다. 왜냐하면 타구의 모습이 다른 데 거리와 방향이 OK라고 하는 건 '우연'일 수밖에 없고 그래서는 볼을 컨트롤한다는 것이 불가능하기 때문이며 타구가 일정치 않을 때는 안심하고 핀을 노릴 수 없다.

'타구를 일정하게 하는 것이 중요'한 것은 어프로치의 경우도 마찬가지이다. 어프로치의 경우 훅이나 슬라이스가 걸릴 우려가 거의 없기 때문에 문제가 되는 것은 '볼의 높이'이다. 그래서 높이를 가능하면 일정하게 하는 것이 거리감을 잡는 비결이다.

그런데 에버리지 골퍼의 경우 어프로치샷을 할 때마다 볼의 높이가 다를 경우가 많다. 볼의 높이가 다르다는 것은 클럽의 입사각이나 임팩트 시 페이스의 열린 정도가 스윙 때마다 다르다는 것이 된다.

좀 더 그 원인을 찾아보면, 볼의 위치가 다르거나 스탠스의 방향이 미세하게 틀리거나 하는 경우가 많다. 이 경우 거리가 제각각인 것이 당연하나 가끔씩 거리가 맞는 경우가 있는 것은 오랜 경험으로 임팩

▶ 타구를 일정하게 하는 방법

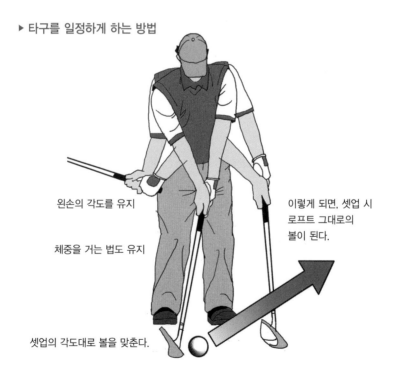

왼손의 각도를 유지

이렇게 되면, 셋업 시 로프트 그대로의 볼이 된다.

체중을 거는 법도 유지

셋업의 각도대로 볼을 맞춘다.

트의 세기 등으로 거리를 조절하기 때문이다. 그러나 이래서는 거리 조절에 불균일이 생기는 게 당연하다.

어프로치의 타구를 일정하게 하기 위해서는 볼의 위치나 스탠스의 방향, 핸드 퍼스트의 정도 등 먼저 셋업을 항상 일정하도록 하는 것이 관건이다. 셋업이 일정하다면 클럽은 항상 일정한 스윙궤도를 그려 같은 각도로 볼을 맞추게 되고 당연하게 타구도 일정하게 날아가게 된다.

어프로치의 거리감은 '낮은 볼'로 만든다.

'타구를 일정하게 한다'는 것에 관해 하나 더 중요한 것이 있다. 그것은 일정하게 하려면 높은 볼이 아닌 낮은 볼로 일정하게 하는 것이다.

이것은 아마추어 골퍼의 전형적인 잘못 중의 하나로 웨지를 잡으면 필요 이상으로 볼을 높이 띄우려는 사람이 많다. 타이거 우즈나 미켈슨의 인상이 지나치게 강하게 남아서인지는 알 수 없으나 프로가 로브샷처럼 높은 샷을 치는 것은 그렇게 하지 않으면 장애물을 넘길 수 없다거나 그린에 볼을 세울 수 없는 경우에 한한다. 로브샷 등 위험성이 높은 샷은 그들도 하고 싶지가 않은 것이 사실이다.

어프로치의 탄도는 낮으면 낮을수록 더 좋다. 왜냐하면 그렇게 하는 편이 거리감을 맞추기 쉽기 때문이다. 볼을 높이 띄워 거리를 일정하게 하려면 포물선의 정점이 같아야 하는데 이것을 일정하게 하는 것은 프로에게 있어서도 굉장히 어려운 일이다.

손으로 야구공을 10미터 앞의 목표물에 던지는 때를 생각해 보면 공을 높게 던지는 경우와 소프트볼 투수처럼 낮게 던지는 경우, 어느 쪽이 목표에 근접할 것인가?

대부분의 사람은 낮게 던지는 쪽이라고 생각할 것이다. 그것은 낮은 경우가 체공시간이 짧아 목표물에 대해 직선적인 이미지가 쉬워지기 때문이다. 높은 공으로 목표물을 맞추기 위해서는 먼저 포물선을 상정해서 그 정점을 향해 볼을 던져 올려야 하는데 이런 방법으로 목표에 정확히 맞추는 것은 굉장히 어려운 일이다.

이렇게 말하면 낮은 탄도로는 볼을 세울 수가 없다는 걱정을 하는 사람도 있는데 그렇지가 않다. 프로들은 대부분 낮은 탄도이더라도 2번 정도 바운드한 후 볼을 세울 수 있도록 스핀을 거는 데 이것은 실은 그렇게 대단한 테크닉도 아니다. 상세한 것은 2장에서 설명하겠지만 웨지란 것은 특별히 깎아 치지 않아도 클럽을 가속시키면서 페이스를 낮게 넣어 주면 볼이 페이스의 홈에 닿아 있는 시간이 길어져 낮게 날아가도 정확하게 스핀이 걸린 것처럼 되기 때문이다.

아마추어 골퍼들은 SW의 어프로치라고 하면 페이스를 열고 사뿐하게 볼을 띄워 올리는 것이라고 생각하는 사람이 적지 않다. 그러나 이런 타법은 뒤에 설명하겠지만 로브샷에 가까우며 이 타법은 실은 스핀이 걸린 낮은 탄도의 볼을 치는 것보다 훨씬 어렵다.

▶ 낮은 편의 볼이 붙이기가 쉽다.

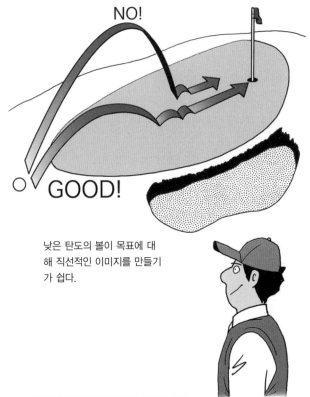

낮은 탄도의 볼이 목표에 대
해 직선적인 이미지를 만들기
가 쉽다.

탄도가 낮은 편이 거리감도 맞추기 쉽다.
겁먹지 말고 기본대로 치면 스핀이 걸려 볼은 멈추게 된다.

아무리 짧은 거리더라도 클럽을 가속시킨다

〈 임팩트 순간에 팔을 멈춰 버리는 것은 아닌가? 〉

골프의 스윙, 즉 드라이버부터 퍼터에 이르기까지의 모든 샷에 공통된 철칙이 있다. 그건 바로 '톱에서 임팩트에 이르기까지 클럽을 반드시 가속시키지 않으면 안 된다'는 사실이다.

이렇게 말하면 임팩트에서 잔뜩 힘을 주어 버리는 사람이 많을 듯한데 클럽을 무리하게 가속시킬 필요는 없으며 중력의 작용에 의한 자연적인 가속이면 된다.

시계추를 생각해 보면 잘 이해되듯이 골프의 스윙이란 톱의 위치에서 지면에 있는 볼을 향하여 낙하하는 것이다. 이것은 아무리 낮게 클럽을 넣을 때도 마찬가지이다. 클럽은 반드시 높은 곳에서부터 지면, 즉 낮은 곳을 향하여 내려온다. 헤드가 최하점에 도달했을 때에는 중력의 작용에 의해 최고 스피드가 되게 마련으로, '톱에서 임팩트에 이르기까지 클럽은 반드시 가속시키지 않으면 안 된다'라는 것은 태양이 동쪽에서 떠서 서쪽으로 지는 것과 같이 지극히 당연한 것이다.

그런데 이렇게 당연한 것을 억지로 하지 않으려는 골퍼도 개중에는 있다. 임팩트 직전에 헤드에 급제동을 건다든지, 갑자기 힘을 빼 버린다든지 하는 골퍼의 경우이다.

전자는 어프로치샷 시 백스윙이 지나치게 큰 골퍼에게 많다. 클럽을 잘 들어 올렸다가도 "아, 이 정도의 스윙 폭으로 볼을 치면 오버해 버리지!"란 기분이 들어 임팩트 직전에 팔의 휘두름을 멈춰 헤드의 세기를 죽여 버리려고 한다. 즉, 급제동을 걸어 버리는 셈이다.

실은 뭔가 대단한 기술이 필요한 동작이다.

아니, 개중에는 어프로치 시에는 항상 '크게 들어 올리고 살짝 친다'는 식의 타법이 몸에 배어 버린 사람도 있는데 간혹 OK 거리에 붙이는 경우도 있어 어찌 보면 골프란 자기만의 무언가가 있는 스포츠라고 생각할 수 있게도 한다.

그렇지만 이런 사람들은 세 번에 한 번은 반드시 뒤땅을 치게 마련이다. 힘이 실린 클럽 헤드를 임팩트 직전에 감속시켜 버리면 클럽 헤드는 볼 못 미친 지면에 충돌되든지 아니면 볼을 쳤다고 해도 생각한 것보다 거리가 나지 않는다. 그래서 이렇게 치는 골퍼의 어프로치는 거리가 아주 짧은 경우가 많은 법이다.

후자의 '갑자기 힘을 빼버리는 타입'은 소위 말해 '임팩트가 느슨하다'는 골퍼이다.

특별히 백스윙이 지나치게 크다고는 하지 않아도 거리를 클럽의 스윙 폭이 아닌 임팩트 시의 힘의 세기를 조절해서 맞추려는 의도가 있기 때문이며 임팩트 직전에 '이대로 치면 헤드스피드가 지나치게 빨라 오버해 버리지'란 생각이 들어 급히 힘을 빼버린다. 그러나 이 경우도 전자와 같이 뒤땅이나 거리가 짧은 결과로 끝나버리는 것이 대부분이다(퍼팅에서도 '느슨한' 골퍼가 많아 짧거나 페이스가 열려 목표보다 우측으로 나가버리고 마는 경우가 많다).지나치게 백스윙의 속도에 제동을 걸어 조절하려는 것도, 임팩트를 느슨하게 하여 거리를 조절하려고 하는 것도 어느 것이나 '손으로만 치는 타법'과 다를 바가 없다.

어프로치에서 손으로만 치지 않는, 즉 느슨한 임팩트가 되지 않으려면 스윙 폭을 결정했다면 다음은 붙일 수 있다는 믿음으로 확실하게 클럽을 가속시켜야 한다. '가속시킨다'는 것은 무언가 클럽의 속도나 세기를 조정하지 않으면 안 된다는 생각이 들더라도 '클럽 헤드의 자연 동작(낙하)에 맡긴다'는 말로 바꾸어 말해도 좋다.

클럽 헤드가 가속되어 가면서 볼을 맞추면 그 볼은 확실하게 클럽 페이스에 실려 스핀이 걸리게 되며 처음에는 자신의 생각보다 볼의 초속이 빠를지라도 스핀이 걸려 있기 때문에 볼은 급제동이 걸리는 것처럼 컵 근처에 멈춰주게 된다.

▶ 헤드는 자연스럽게 가속시켜 준다.

어느 정도 회전시켜 줄 것인가. 몸의 회전 정도
를 결정했다면 자동적으로 스윙 폭도 결정된다.
그 다음은 그걸 믿고 몸을 돌려주기만 하면 된
다. 그렇게 하면 클럽 헤드가 톱에서 임팩트에
이르면서 자연스럽게 가속되게 된다.

강하게 치려는 의도로 손으로만 치는 타법이
되어서는 No Good

연습스윙 시의 중요한 포인트

〈 '볼을 끝까지 보면서 연습스윙'을 하는 것이 바른 방법인가? 〉

여기서 어프로치 시 아주 중요한 '이미지 만드는 법'에 관해 한 번 더 설명해 보기로 한다. 볼을 떨어뜨릴 장소를 정했다면 대부분의 골퍼들은 그곳에서 몇 번이고 연습스윙을 한다. 그것은 물론 중요한 것이나 이때 볼을 똑바로 쳐다보면서 연습스윙을 하는 골퍼가 적지 않다.

아마도 '헤드업하지 말고' '볼에서 눈을 떼지 말고 정확하게 치자' 등을 자신에게 다짐하면서 연습스윙을 하고 있을 것이다.

그러나 볼을 보면서 하는 연습스윙은 실은 거리감을 낼 수가 없다. 프로 골퍼의 연습스윙을 관찰하면 알 수 있듯이 어프로치의 연습스윙은 볼을 떨어뜨릴 장소를 바라보면서 하지 않으면 거리감을 낼 수가 없다.

골프는 사격이나 양궁, 다트 등과 같이 '표적을 노리는 스포츠'이다. 이런 스포츠에서 선수들은 전부 표적을 뚫어져라 바라본다. 타이거 우즈도 마찬가지이다. 핀을 바라보고 있는 타이거는 마치 먹이를 노리는 표범과 같은 예리한 눈을 하고 있다. '저곳으로 치도록 하자' '저곳으로 볼을 보내자'라고 생각하면 그 목표지점을 바라보는 것이 당연하다. 그렇지 않으면 목표까지의 거리감이나 볼의 구질이 그려지지 않기 때문이다.

그런데 골퍼 중에는 목표보다는 볼만 바라보는 사람이 적지 않다. '볼을 정확히 맞추자'는 것에만 의식을 두면 '볼을 목표에 보내자'라는 것은 불가능해진다.

이런 사실은 임팩트 후에도 마찬가지이다. '헤드업하지 말 것'만 골프의 철칙이라 생각하고 있는 골퍼는 어프로치 시 볼을 치고 나서도 한참동안 머리를 밑으로 향한 채 있는 경우가 많이 있는데 이것은 두 가지 의미에서 틀린 것이 된다.

하나는 머리가 아래를 향한 채 두면 몸이 잘 돌아가지 않아 손만으로의 타법이 되기 쉬워진다. 또 다른 하나는 임팩트 후에 머리를 들어 볼의 행방을 확인하지 않으면 거리감의 이미지를 뇌에 축적할 수 없기 때문이다.

어프로치샷의 임팩트를 마쳤다면 몸의 회전과 함께 자연스럽게 머리를 들어 볼의 행방을 바라보도록 하자. 그래서 자신이 그린 이미지대로 볼을 쳤는지 아닌지를 확인해야 한다.

당연히 처음 얼마 동안은 연습스윙의 이미지와 실제 샷의 거리나 볼의 높이 등이 꽤 오차가 있을 수 있다. 그러나 차이를 확실히 확인하여 두면 다음 번 샷에 큰 역할을 하게 된다. 이렇게 이미지와 실제를 반복하면서 차츰 차이를 없애도록 해야 한다. 어프로치가 능숙하게 되기 위해서는 결국 이런 방법 외에는 없다.

▶ 연습스윙은 머리에 담아 두도록 한다.

볼을 떨어뜨릴 곳을 설정하기
위해서는 그곳에 도달하기까지의
구질(높이, 속도, 런의 궤적)을
확실하게 생각해야 한다.

목표를 바라보게 되면, 인간의 뇌는 보다
선명하게 이미지를 그릴 수 있게 된다.

절대 지켜야 하는 좌우대칭의 기본 스윙

〈 정말 어프로치할 때 '힘을 주어서는' 안 되는 것인가? 〉

마지막으로 어프로치의 기본적인 스윙에 관해 정리해 보도록 하자.

1. 볼을 떨어뜨릴 장소를 정했다면 그 거리를 치기 위한 스윙의 크기를 그려 본다.
2. 스윙의 크기를 결정했다면 거기에 맞는 스탠스 폭(거리가 짧을수록 스탠스 폭이 좁아진다)을 취하고 어드레스에 들어간다.
3. 볼은 양발의 정중앙(오픈 스탠스라면 발가락이 좌를 향하므로 우측에 보임). 양어깨와 허리의 라인은 스퀘어로 한다.
4. 클럽은 핸드 퍼스트로 취한다. 이때 손목의 각도를 피니쉬까지 변하지 않게 한다.

5. 몸을 회전시켜 정해진 톱의 위치까지 클럽을 올리고(절대 팔로 올리지 말 것!), 헤드를 가속시키면서(자연스런 낙하에 맡기면서) 임팩트한다.

6. 스윙의 크기는 좌우대칭이 되도록 한다. 즉, 피니쉬의 높이는 톱과 같이 한다. 그러나 손과 팔로 조절하는 것이 아니고 어디까지나 몸의 회전으로 스윙한다. 몸도 백스윙 시 우측을 향했던 만큼 좌측으로 향한다.

백스윙이 크고 팔로우가 작은 사람은 전 항에서 설명했듯이 손으로만 치는 타법이 되기 쉽다. 반대로 백스윙이 작고 팔로우가 크면 퍼 올리는 듯한 스윙이 되기 쉽다.

실제로는 원심력이 작용해 팔로우가 크게 되지만 의식으로는 어디까지나 좌우대칭이 되도록 하는 것이 좋다.

이밖에 에버리지 골퍼가 저지르기 쉬운 미스로는 셋업 시 상체를 너무 숙인다든지 무릎을 너무 구부린다든지 하는 것이다.

거리가 가까우니 어떡하든지 붙여야지—이런 감정이 지나치면 무의식중에 몸이 볼에 가깝게 가려고 하는 현상이 생긴다.

그러나 신체를 필요 이상 '구부리면' 임팩트 시 '너무 펴지는' 원인이 된다(구체적으로는 토핑이 되기 쉽다). 무릎은 가볍게 구부리는 정도가 좋으며 상체도 약간 기울이는 정도면 좋다. 릴렉스된 상태에서 좀 더 부드럽게 몸이 회전되도록 자세를 취하기 바란다.

▶ 과연 당신은 괜찮은가?

⊙ 머리가 나쁜 골퍼

봄을 회선시키지 않고
손으로만 치면 볼을 맞추는
것이 그때마다 달라져
샷이 안정되지 않는다.

백스윙이 크고
팔로우가 작은
나쁜 예

⊙ 머리가 좋은 골퍼

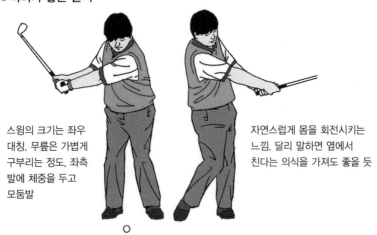

스윙의 크기는 좌우
대칭. 무릎은 가볍게
구부리는 정도, 좌측
발에 체중을 두고
모둠발

자연스럽게 몸을 회전시키는
느낌. 달리 말하면 옆에서
친다는 의식을 가져도 좋을 듯

하나 더 어프로치의 포인트로, 가능하면 모둠발로 스윙하도록 해야 한다. 짧은 거리를 치는 어프로치는 임팩트 시 오른발을 힘껏 찰 필요도 없고 너무 오른 발꿈치를 세울 이유도 없다. 어드레스한 그 자리에서 몸이 상하로 움직이지 않게 사뿐하게 돌리는 것이 어프로치의 스윙이다. 그러기 위해서는 모둠발의 형태가 중심축의 흔들림이 없어야 좋다.

또한 어프로치는 거리가 짧을수록 체중이동을 하지 않는다. 원래 체중이동은 볼을 멀리 보내기 위한 동작으로 멀리 보낼 필요가 없는 어프로치에서는 불필요하다고 해도 좋다. 원칙으로는 좌측 발에 체중을 걸고 그 좌측 발을 축으로 신체를 사뿐하게 돌려주면 되기 때문이다.

2장

과연, 이럴 수가-

높이를 조절하여 붙이는
확실한 기술

사뿐히 띄울 것인가, 아니면 굴려서 붙일 것인가? 어프로치에서는 이런 선택을 하지 않으면 안 된다. 어정쩡한 상태에서 치게 되면 결론은 실패……. 어정쩡함과 불안은 골프의 큰 적이다. '런닝 어프로치' '피치 앤 런' '로브샷' 이런 샷의 바른 자세와 타법을 알게 되면 '자신 있는 1타'가 만들어지게 된다.

어프로치의 기본은 '굴리기'란 것을 명심하자

〈 '로프트가 큰 클럽이기 때문에' 올려치려고 하지는 않는가? 〉

왜 '굴리기'가 '상책'인가?

이번 장에서는 어프로치샷 시 '볼의 높이'를 달리 하여 치는 방법에 대해 소개해 보자.

먼저 볼의 탄도가 아주 낮은 런닝 어프로치, 소위 '굴리기'에 관해서다.

'굴리기'를 시도하는 때는 주로 그린 주위에서이다. 그린 에지까지 5야드 이내에 볼이 있어 누구라도 1퍼트 이내에 붙이기를 원하는 경우이다.

이런 경우에는 옛날부터 '굴려야 할 곳은 굴려라'고 말해 왔다. 그 이유는 3가지가 있다.

하나가, '굴리기'는 퍼터처럼 치는, 즉 간단한 샷이기 때문이다.

두 번째 이유는 '굴리기'는 거리감을 맞추기 쉽기 때문이다. 1장에서 볼은 낮게 보내는 것이 거리감을 맞추기 쉽다고 설명했듯이 그 진수가 '굴리기'라고 할 수 있다.

세 번째 이유로는 '굴리기'가 치핑의 가능성이 있기 때문이다. 높이 띄워 올린 볼은 그린에 떨어졌을 때 그다지 구르지 않고 멈춰 버리기 때문에 컵인의 가능성이 낮다. 그러나 처음부터 굴린 볼은 퍼팅과 같이 굴러 라인을 잘 타면 컵인의 가능성이 높아지게 된다.

이밖에 '굴리기'는 볼이 낮아 바람의 영향을 받지 않는 이점도 있다.

그러므로 골프에서는 '굴려야 할 곳에서는 굴린다'가 기본이라고 알려져 있으나 다만 '굴리기'가 성공하기 위해서는 기술을 운운하기 이전에 몇 가지 조건이 있다.

'굴리기'를 확실히 성공시키기 위한 조건은

'굴리기'를 성공하기 위해서는 대전제로 사용 클럽의 스윙 폭과 굴려야 할 거리의 관계를 확실하게 파악해야 할 필요가 있다.

보통 '굴리기'에 사용하는 클럽으로 큰 것은 5~6번 아이언부터 SW까지 7~8종류가 있다(후술하겠지만 페어웨이 우드나 유틸리티, 퍼터도 포함하면 그 수는 더욱 많아진다).

큰 클럽일수록 로프트의 각도가 낮아(서 있어) 볼은 낮게 나아가지만 힘이 있어 캐리(볼이 떠서 가는 거리)는 짧아도 잘 굴러간다. 반대로 로프트가 큰 클럽은 페이스를 닫고 쳐도 볼은 높이 뜨며 스핀이 걸리기 때문에 런(굴러가는 거리)이 작아진다. 클럽마다의 캐리와 런의 비율은 대개 아래 표와 같다.

▶ **클럽별 런과 캐리의 비율**

클럽	SW	PW	9I	8I	7I	6I	5I
캐리	1	1	1	1	1	1	1
런	1	2	3	4	5	6	7

그러나 이것은 어디까지나 이론상의 기준일 뿐 실제는 페이스의 아주 미세한 열고 닫음의 정도나 클럽의 입사각 그리고 그린 빠르기에 의해 캐리와 런의 비율이 달라지는 것은 말할 필요도 없다. 이것의 능숙한 적용은 연습시 클럽별로 캐리와 런의 비율을 파악하여 두고 그린의 빠르기에 따라 라운드 때마다 조정할 수밖에 없다.

'굴리기'를 성공하기 위해서는 볼을 일단 그린에 올려야만 된다는 조건이 있다.

이것은 다른 어프로치에서도 마찬가지이지만 그린 이외의 지점에 볼을 떨어뜨리면 라이나 잔디(러프의 경우도 포함)의 영향으로 낙하 이후의 굴러가는 상태를 파악하기가 어려워지기 때문이다. 반면에 그린은 표면의 요철이 적고 지면의 경도도 일정하기 때문에 굴러가는 정도를 파악하기가 쉽다.

또한 그린 위 볼을 떨어뜨릴 장소는 가능하면 그린 에지에 가까운 곳, 구체적으로는 에지로부터 1~2야드 정도에 떨어뜨리면 좋다. 왜냐하면 낙하지점이 짧으면 짧을수록 거리감을 맞추기가 쉬워지기 때문이다.

이런 것을 종합하면 볼과 그린 에지, 그린 에지와 홀컵까지의 위치에 의해 '굴리기'에 사용할 클럽이 자동적으로 정해질 수 있게 된다.

예를 들면 볼이 그린 에지로부터 2야드 전 그린 주위에 있고 컵은 에지로부터 13야드의 지점에 있다고 하자. 이 경우 '굴리기'로 붙인다면 볼을 떨어뜨려야 할 곳이 에지로부터 1~2야드 지점이 되기 때문에 사용할 클럽은 캐리가 3~4야드이고 런이 11~12야드의 클럽이 적합하다고 할 수 있다.

앞서 말한 '공식'에 의하면 캐리와 런의 비율이 1:4의 클럽, 즉 8번 아이언이란 얘기이다.

물론 실제의 라운드에서는 그린의 경사나 경도(딱딱함)도 고려해서 클럽을 선택해야 하나 기본적인 이치는 앞서 말한 대로이다.

▶ 캐리와 런의 비율을 기억해 두자.

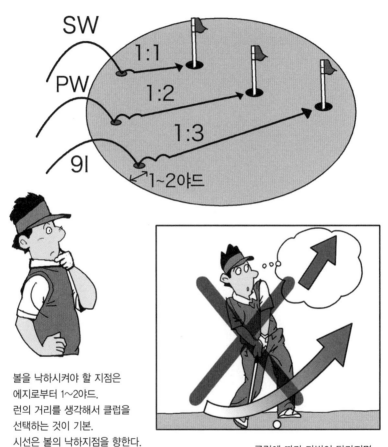

볼을 낙하시켜야 할 지점은
에지로부터 1~2야드.
런의 거리를 생각해서 클럽을
선택하는 것이 기본.
시선은 볼의 낙하지점을 향한다.

클럽에 따라 타법이 달라지면
안 된다. 로프트가 있는 클럽을
쓰면 퍼올리려는 사람이 많은데
결국은 미스가 나고 만다.

퍼터처럼 칠 것인가,
몸을 회전시켜 칠 것인가

〈 런닝 어프로치, 당신에게 맞는 타법은? 〉

런닝 어프로치의 구체적인 방법은 크게 2가지로 구분할 수 있다.

하나는 퍼터처럼 치는 방법으로 그립을 극단적으로 짧게 잡고 퍼팅과 똑같은 어드레스를 취해 클럽을 퍼터인 것처럼 치는 것이다. 퍼터처럼 잡는 그립이 훨씬 잘 된다는 사람들도 많이 있는 편이다.

거의 퍼터의 경우와 같기 때문에 볼의 위치는 정중앙이나 약간 좌측 발에 둔다. 클럽의 궤도는 퍼팅과 같이 '곧게 당겨 곧게 밀어 준다'는 생각이 좋다(실제는 약간 '인 투 인'이 된다). 손목은 사용치 않고 어깨의 상하 움직임으로 스트로크한다. 임팩트에서 페이스를 돌리지 말고 페이스로 볼을 목표방향으로 끝까지 밀어준다는 이미지로 하며 물론 스핀은 걸지 않는다.

간혹 헤드가 깨끗하게 빠지지 않는 사람도 있는데 대부분이 클럽 헤드의 힐이 지면과 부딪혀 튕기기 때문인데 이런 사람은 핸드 퍼스트의 자세로 셋업하여 힐을 조금 띄워주면 된다. 이 방법은 라이가 나쁜 경우에도 사용하면 좋다.

▶ 그럼, 당신은 어떤 방법으로?

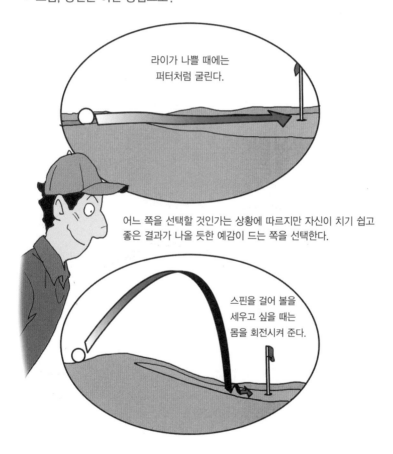

라이가 나쁠 때에는 퍼터처럼 굴린다.

어느 쪽을 선택할 것인가는 상황에 따르지만 자신이 치기 쉽고 좋은 결과가 나올 듯한 예감이 드는 쪽을 선택한다.

스핀을 걸어 볼을 세우고 싶을 때는 몸을 회전시켜 준다.

또 다른 하나의 방법은, 몸의 회전을 이용한 타법인데 이것은 나중에 소개하는 피치 앤 런의 타법과 가깝다.

1. 양발을 모으고 스탠스의 방향은 약간 오픈으로
2. 볼을 오른발 앞에, 그립은 짧게 쥐고 핸드 퍼스트로 셋업
3. 체중배분은 왼발에 6, 오른발에 4로 손목을 콕킹하지 말고 양어깨와 그립의 삼각형 또는 손목의 각도를 유지한 채로 몸의 회전으로 볼을 친다.

'굴리기'이기 때문에 볼을 띄우려는 생각은 전혀 해서는 안 된다. 그저 헤드를 '낮게 당겨서 낮게 넣고 낮게 빼준다'는 정도의 이미지이면 된다.

이 타법은 SW처럼 로프트가 있는 클럽일수록 스핀이 걸리나 숏 아이언의 경우는 그다지 스핀이 걸리지 않고 자연스럽게 볼의 회전으로 컵에 붙일 수가 있다.

두 타법의 공통점은 클럽을 세게 쥐지 말고 양손에 클럽의 무게를 느끼면서 스윙하는 것이다. 테이크 백부터 팔로우 스루까지 일정한 템포로 스윙해야 하며 체중이동은 하지 않는다.

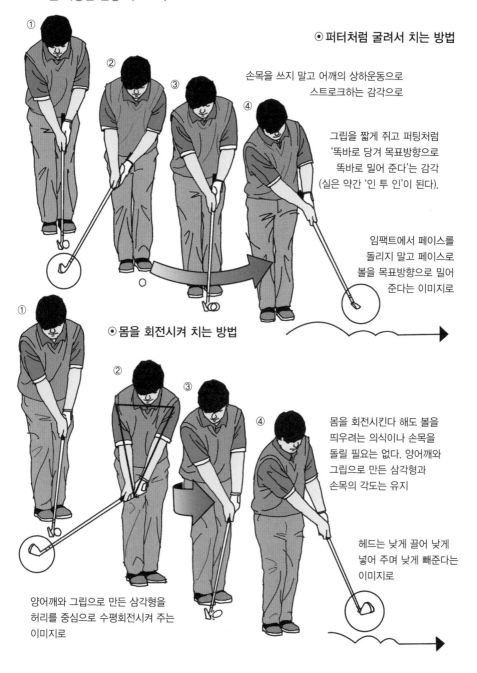

▶ 7I을 사용한 런닝 어프로치

⊙ 퍼터처럼 굴려서 치는 방법

손목을 쓰지 말고 어깨의 상하운동으로
스트로크하는 감각으로

그립을 짧게 쥐고 퍼팅처럼
'똑바로 당겨 목표방향으로
똑바로 밀어 준다'는 감각
(실은 약간 '인 투 인'이 된다).

임팩트에서 페이스를
돌리지 말고 페이스로
볼을 목표방향으로 밀어
준다는 이미지로

⊙ 몸을 회전시켜 치는 방법

몸을 회전시킨다 해도 볼을
띄우려는 의식이나 손목을
돌릴 필요는 없다. 양어깨와
그립으로 만든 삼각형과
손목의 각도는 유지

헤드는 낮게 끌어 낮게
넣어 주며 낮게 빼준다는
이미지로

양어깨와 그립으로 만든 삼각형을
허리를 중심으로 수평회전시켜 주는
이미지로

'굴리기'에서 실수를 하지 않는
현명한 골퍼의 지혜

〈 '굴리기'에는 항상 숏아이언만 사용해야 하나? 〉

1장에서 미국의 프로 골퍼들은 1개의 웨지로 여러 가지 거리를 맞춰 치는 사람이 많다고 하는 얘기를 소개했다.

이것은 굴릴 때도 마찬가지이다. 그들은 SW나 LW 같은 로프트가 있는 클럽으로도 굴려주는 경우가 적지 않다.

일본에서는 옛날부터 '굴리기는 숏아이언으로'라고 알려져 왔다. 초보자 시절 상급자로부터 'SW보다 7번 아이언으로 굴려'라고 어드바이스를 받은 사람도 적지 않은데 왜 미국의 프로 골퍼들은 로프트가 있는 웨지로 굴리려고 하는 것일까?

그 하나는 전에도 설명했지만 그들은 1개의 웨지를 자신의 손처럼 능숙하게 사용할 수 있기 때문이지만 다른 또 하나의 이유가 있다. 그것은 프로 경기가 진행되는 미국 코스는 그린이 엄청나게 빠르기 때문이다.

고속 그린에서 어프로치로 '굴리기'를 택했다면 그 캐리와 런의 비율이 앞에서 소개한 '공식'이 적용되지 않는 경우가 많은데 이것은 생각 이상으로 볼이 굴려가기 때문이다.

특히 컵이 내리막 경사에 있는 경우 '굴리기'로 숏아이언을 사용하면 아무리 부드럽게 쳐도 볼은 가속이 붙어 그린 밖으로 나가버리고 마는 경우가 많이 있다.

반면 SW나 LW는 페이스를 약간 닫고 쳐도 스핀이 걸리기 때문에 조금 센 듯 볼을 쳐도 핀을 크게 지나치는 일은 없다. 혹은 뒤땅 기미로 볼을 쳐서 스핀이 걸리지 않아도 캐리가 나지 않는 대신 런이 나기 때문에 그런대로 핀에 붙일 수가 있게 된다.

즉, 미국의 프로 골퍼가 '굴리기'(미국에서는 '칩샷'이라고 말하는 경우가 많지만)에도 로프트가 큰 클럽을 쓰는 것은 큰 실수를 하지 않기 위한 '보험'을 든다는 의미가 있다고 할 수 있다.

이 타법의 기본은 전 항의 '몸의 회전을 사용한 타법'과 같으며 더 필요한 것은,

1. 볼을 좀 더 우측에 놓는다.

2. 페이스를 닫는다.

3. 체중배분은 왼발 7, 오른발 3으로 한다.

이 샷에서 제일 많은 실수는 뒤땅인데 볼을 우측에 놓으면 뒤땅의 우려가 적어지며 연습스윙을 할 때 헤드와 지면의 접지점을 확인해

둔다. 사람에 따라서는 우측보다 오히려 볼 1~2개 정도 밖으로 두어
도 좋을 듯하다.

▶ SW를 사용하여 굴리는 타법

① 볼을 우측에 두고
왼발 체중으로
페이스를 닫고 친다.

② 몸을 회전시켜 치지만 그전에
신중한 연습스윙으로 헤드와
지면의 접지점을 확인하는
것이 중요하다.

칩샷이 아닌 퍼터로 붙이는 방법

〈 그린 밖에서 퍼트를 사용하면 '잘못'된 것인가? 〉

퍼터로 붙인다고 하면 볼이 그린의 경계면(잔디가 약간 길게 깎인 곳)에 있을 때 하는 것이라고 생각하는 골퍼가 많을 것이다. 경계면은 그린의 일부이기 때문에 일류 선수들도 필시 퍼터를 선택하겠지만 다음과 같은 상황에서는 어떨까?

미국의 '골프 다이제스트'지가 300명의 골퍼를 대상으로 이런 실험을 한 적이 있다.

볼은 핀으로부터 36피트(약 11m), 그린으로부터 6피트(약 1.8m)의 곳에 있다. 이곳에서 퍼터로 붙인 경우와 칩샷으로 붙인 경우, 어느 쪽이 더 잘 붙었는가를 실험하였다.

그린까지 1.8미터라는 지점이 미묘하다. 퍼터로 치면 잔디의 저항을 고려치 않으면 안 되기 때문에 퍼터로 할 것인가 칩샷으로 할 것인가 조금 고민할 것이다.

칩샷이라면 PW나 9번 아이언으로 에지에서 1~2야드의 지점에 볼을 떨어뜨려 7~8미터 정도 런을 계산하면 되는, 상급자라면 그다지 어려운 샷이 아니지만…….

그런데 실험의 결과는 다음과 같았다. 퍼센티지의 숫자는 핸디캡별로 핀에 3피트(약 90센티) 이내에 붙인 확률이다.

▶ 실험의 결과

핸디캡	칩샷	퍼터
0 ~ 5	49%	59%
6 ~ 10	39%	51%
11 ~ 15	32%	49%
16 ~ 20	35%	39%
21 ~	23%	31%

＊ 핸디캡별 핀 근처 3피트에 붙이는 확률

보다시피 어떤 실력의 골퍼라도 칩샷보다는 퍼터의 경우에 더 잘 붙인다는 것을 알 수 있다.

이 실험에서 어떤 라이에 볼이 놓여 있나를 알 수 없기 때문에 단정 지을 수는 없어도 2미터 정도의 잔디는 퍼팅에 그다지 영향을 주지 않는 듯하다.

일반적으로 퍼터로 붙이는 것이 좋은 경우는 영국 오픈이 열리는 코스처럼,

1. 바람이 강해 볼을 띄우면 거리와 방향을 컨트롤하기 어려운 때
2. 그린 주위의 벙커(영국 오픈의 경우 주전자 벙커라고 말할 정도로 턱이 직각인 벙커가 많다)에 들어가는 것은 절대로 피하고 싶은 때, 즉 다소 멀더라도 퍼터로 그린 어딘가에 올리려는 작전일 때
3. 볼을 띄웠을 때 낙하지점의 경사가 복잡해 어디로 구를 것인가를 알 수 없을 때
4. 볼이 놓인 라이가 나빠 뒤땅의 우려가 있을 때, 즉 이럴 때 퍼터를 사용한다.

치는 방법은 통상의 퍼팅과 같지만 잔디의 저항을 너무 고려하면 조급하게 치기 쉬워지므로 시계추처럼 일정한 템포로 스트로크하는 것이 실패하지 않는 비결이다.

▶ 칩샷보다는 퍼터가 확실

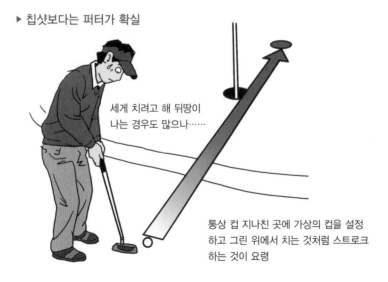

세게 치려고 해 뒤땅이 나는 경우도 많으나……

통상 컵 지나친 곳에 가상의 컵을 설정하고 그린 위에서 치는 것처럼 스트로크하는 것이 요령

페어웨이 우드로 붙이는 비법

〈 '도전정신'을 잊고 있는 당신에게 〉

타이거 우즈의 전성기에 처음 시도해 일약 세계적으로 확산되었던 어프로치가 있다.

사용한 클럽은 3번 아니면 5번 우드였으며 7번 우드는 볼이 뜰 수가 있어 사용하지 않았다. 페어웨이 우드(FW)보다 샤프트가 짧은 유틸리티(UT)가 사용하기 쉬워 좋다고 하는 골퍼도 있다.

왜 어프로치에 FW나 UT를 사용하는가 하면,

1. 솔이 평평하여 뒤땅의 염려가 적다.
2. 작은 백스윙으로도 볼을 잘 굴릴 수 있다.
3. 약간의 로프트가 있는 만큼 1~2야드 정도의 캐리가 가능해 그린 주변에서 핀에 붙이는 데 잔디의 저항을 고려치 않아도 된다는 3가지의 이유가 있다.

이유를 알았으면 FW를 사용해야 할 상황을 바로 알 수 있을 것이다.

1. 볼의 후방으로 잔디가 길게 있거나 나무 등의 장애물이 있어 백스윙이 불가할 경우

2. 라이가 아주 안 좋은 경우

3. 지면이 딱딱하여 SW로는 튕겨져 나갈 우려가 있는 경우

4. 볼은 그린 주변에 있으나 퍼터로는 칠 수 없는 30야드 이상의 긴 오르막 라이의 경우(2단 그린 위인 경우 등)

이외에도 잘 알려지지 않은 비법으로 턱이 낮은 벙커나 턱의 경사가 완만한 벙커에서 사용하는 경우도 있다(퍼터로도 가능). FW(퍼터도 물론)에도 로프트가 있기 때문에 턱이 낮으면 그걸 뛰어넘을 수가 있다. 또한 턱의 경사가 완만하면 턱에 한번 튕겨(원쿠션) 그린에 올리는 것도 가능해진다.

치는 방법은 거의 퍼터의 경우와 동일하다.

1. 그립은 극단적으로 짧게 쥔다(클럽이 길어 치기가 어려우면 샤프트 부분을 잡아도 괜찮다. 퍼터와 같은 길이로 쥐고 스트로크에 위화감 없이 문자 그대로 퍼터와 같이 친다).

2. 힐을 조금 드는 자세로 셋업한다(볼 가까이 있기 때문에 미트율이 좋아진다).

3. 손목을 고정시킨 상태에서 퍼팅과 같이 어깨의 상하 움직임으로 스트로크한다.

특별히 FW로 어프로치 시 가장 문제가 되는 것이 거리감이다. 퍼

터와 같은 스윙 폭으로 스트로크하면 대부분 퍼터보다 2배는 더 굴러 간다고 생각하면 좋으나 확실하게 연습해서 자신 나름의 거리감을 만 들어 놓는 수밖에 없다. 연습도 없이 무턱대고 실전에서 우드를 잡으 면 엄청난 리스크라는 것은 불을 보듯이 뻔한 일이다.

▶ 3W를 사용해서 굴리는 타법

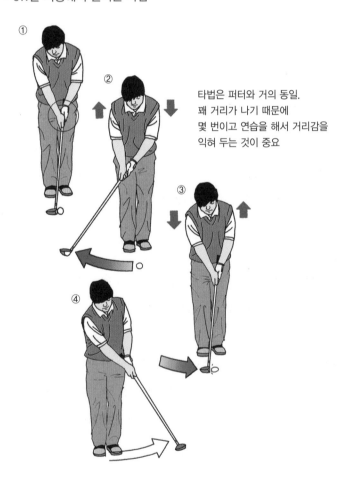

타법은 퍼터와 거의 동일.
꽤 거리가 나기 때문에
몇 번이고 연습을 해서 거리감을
익혀 두는 것이 중요

짧은 거리는 샤프트를 잡으면 안심

〈 뒤땅이나 홈런이 우려되는 당신에게 〉

'굴리기'에서 좀 더 확실한 방법을 소개한다.

어떠한 샷이라 할지라도 클럽을 길게 잡는 것과 짧게 잡는 것 중에서 짧게 잡는 편이 거리가 나지 않는다. 이것은 클럽을 짧게 잡음으로 스윙아크가 작아져 원심력이 낮아지게 되기 때문이다.

예를 들어 볼이 그린 에지까지 1야드, 컵은 에지로부터 6야드인 짧은 어프로치는 클럽을 길게 쥘 이유가 결코 없다는 것을 알 수 있다. 실제로 이런 거리는 그립의 제일 아래 부분을 잡고 톡하고 쳐서 굴리는 사람이 많은데 이보다 더 확실한 방법이 있다.

짧은 거리라면 그립을 잡을 필요도 없다. 그립보다 더 아래 샤프트 부분을 잡고 굴리면 된다(양손으로 샤프트를 잡으면 상체가 너무 구부러지거나 그립이 미끄러지기 쉬우므로 왼손은 그립을 잡는 편이 좋다).

이렇게까지 그립을 짧게 잡으면 자동적으로 스윙아크가 작아져 짧은 거리를 치기에는 안성마춤이다.

애초 얘기했듯이 짧은 거리는 클럽을 길게 잡고 치는 것이 어렵다. 이걸 모르는 골퍼는 보통 때처럼 클럽을 쥐고 무의식중에 큰 스윙이 되어 결과적으로 임팩트 시 감속하지 않으면 안 되어 여러 가지 미스를 범하고 만다.

클럽을 이렇게 짧게 쥐면 안심하고 클럽을 가속시킬 수 있다. 더욱이 샤프트를 쥐면 손바닥의 감각이 예민해져 적절한 터치감을 내기 쉬워진다.

사용하는 클럽은 SW부터 숏아이언까지 어느 것이라도 OK. 어떤 클럽이 샤프트를 쥐고 치기가 쉬운지 자기 집 카펫 위에서라도 가능하니까 반드시 시도해 보기 바란다.

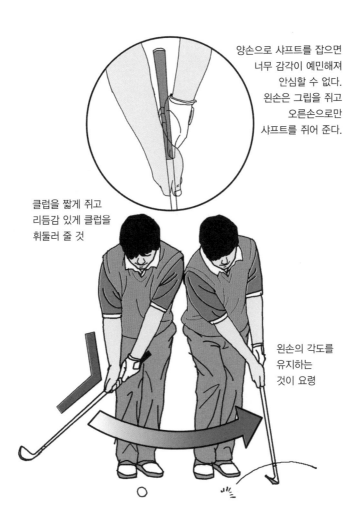

양손으로 샤프트를 잡으면
너무 감각이 예민해져
안심할 수 없다.
왼손은 그립을 쥐고
오른손으로만
샤프트를 쥐어 준다.

클럽을 짧게 쥐고
리듬감 있게 클럽을
휘둘러 줄 것

왼손의 각도를
유지하는
것이 요령

피치 앤 런의 확실한 마음가짐

〈 어프로치의 반 이상은 이것으로 해결 가능하다 〉

피치 앤 런이란 말할 필요도 없이 피치샷과 런, 즉 '굴리기'를 조합한 어프로치의 방법이다. 본래 피치샷이란 볼을 높이 띄워 스핀으로 세우는 샷을 말하는데 런보다 캐리가 긴 것이 대부분이나, 피치 앤 런의 경우는 캐리와 런이 같은 또는 런이 좀 더 긴 쪽이 많이 있다.

그린 에지까지 5~20야드, 핀까지는 10~40야드의 경우, 높이 1~2m 정도의 볼을 그린에 캐리로 띄워, 캐리와 런의 비율이 1대1~2 정도의 이미지로 붙이는 방법이다.

에버리지 골퍼가 그린을 벗어났다(놓쳤다)고 하는 것은 이처럼 그린 에지까지 5~20야드인 경우가 압도적으로 많다. 일설에 의하면 피치 앤 런만으로 어프로치의 반 이상이 해결 가능하기 때문에 골퍼라면 반드시 마스터해 두어야 할 어프로치의 방법이라고 할 수 있다.

사용하는 클럽은 SW나 AW, PW가 대부분이다(피칭웨지는 피치 샷을 위한 웨지라는 의미이다).

이런 클럽은 볼의 라이나 그린까지의 거리, 에지에서 컵까지의 거리 등을 계산해서 어떤 경우에는 낮게 스핀을 걸은 볼로, 어떤 경우는 사뿐하게 띄운 볼 등으로 캐리와 런의 배합을 고려하면서 붙이는 것이 피치 앤 런이다.

▶ 짧은 거리를 칠 때의 숨은 비법

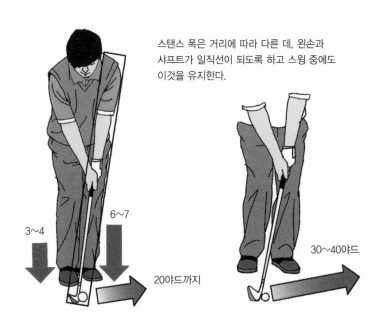

스탠스 폭은 거리에 따라 다른 데, 왼손과 샤프트가 일직선이 되도록 하고 스윙 중에도 이것을 유지한다.

3~4

6~7

20야드까지

30~40야드

어프로치의 반 이상이 해결된다고 말할 정도이니 에버리지 골퍼도 피치 앤 런을 좀 더 자주 이용해야 할 것인데 사람에 따라서는 '굴리기'보다 이미지 떠올리기가 더 쉬운 경우도 있다.

먼저 클럽 로프트에 따른 높이의 볼을 치기 위한 피치 앤 런의 방법을 설명하기로 하자.

1. 스탠스 폭은 캐리가 20야드라면 양발을 모으고 30~40야드라면 한 발자국 정도 벌린다.
2. 스탠스는 약간 오픈. 볼의 위치는 정중앙으로부터 우측에 둔다. 사람에 따라서는 오른발을 벗어난 곳도 관계없다.
3. 체중배분은 왼발 6~7, 오른발 3~4. 낮게 치고 싶을수록 왼발 체중이 되게 한다.
4. 핸드 퍼스트로 자세를 잡고 왼팔과 샤프트를 일직선으로 유지하며 신체를 회전시킨다.

피치 앤 런에서도 절대 해서는 안 되는 것이 손으로만 치는 것이다. 어드레스에서 셋업한 어깨와 양팔의 삼각형을 무너뜨리지 말고 가슴을 돌리는 의식으로 스윙하면 된다.

볼의 높이를 조절해서 치는 요령

〈 피치 앤 런의 4가지 타법 중 당신에게는 어떤 것이? 〉

　피치 앤 런에는, 낮게 스핀을 걸은 샷부터 높이 띄워 세우는 것만이 아닌, 로브샷에 가까운 것까지 상황에 따라 여러 가지 높이의 볼을 맞춰 칠 필요가 있다.

　볼의 높이에 맞추기 위해서는 아래의 4가지 방법이 있다.

　1. 페이스의 각도로 조절하는 방법.

　페이스를 열면 볼은 높이 뜨며, 페이스를 닫으면 볼은 낮게 나간다.

　2. 볼의 위치로 조절하는 방법.

　볼을 좌측에 놓으면 페이스가 열려진 상태에서 맞기 쉽기 때문에 볼은 뜬다. 우측에 놓으면 볼이 닫힌 상태에서 맞게 되어 낮게 나간다.

3. 어드레스 시 체중을 놓는 법으로 조절하는 방법.

체중을 왼발에 놓을수록 임팩트 시 페이스가 닫힌 상태가 되어 볼은 낮게 나간다. 반대로 체중을 오른발에 놓고 체중이동 없이 그대로 스윙하면 클럽의 궤도가 예각이 되어 볼은 높이 떠오른다.

4. 임팩트 시 오른 무릎을 내보내는 것으로 조절하는 방법.

오른 무릎을 내보내면(구부리면), 임팩트가 낮고 접촉시간이 길기 때문에 볼은 낮게 나가고 런이 난다. 반대로 오른 무릎을 내보내지 않으면 클럽의 궤도가 예각이 되어 볼은 높이 떠오르며 런도 그다지 나지 않는다.

이 가운데 권할 만한 것은 1과 2이다. 3과 4의 경우, 볼을 낮게 보낼 때에는 어렵지 않지만 볼을 높이 띄우려고 하면 클럽의 궤도가 예각이 되기 때문에 뒤땅이나 탑볼(볼의 윗부분을 치는 것)이 되기 쉽다. 이미지 상으로는 로브샷과 가까운 꽤 어려운 샷이 된다.

이런 점에서, 1은 클럽의 페이스를 닫거나 여는 것만 다를 뿐 치는 방법은 바뀌지 않는다. 2도 볼의 위치가 자연적으로 클럽 궤도를 만들어 준다. 1과 2를 잘 조합하면 볼의 높이를 자유자재로 컨트롤할 수가 있다.

▶ 상황에 따른 타법을 시도해 보자.

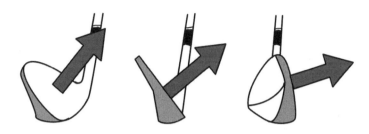

페이스의 각도로 볼의 높이를 바꾸어 준다.
열어 주면 볼은 높이 뜨고, 닫게 되면 볼이 낮게 나간다.

우측 무릎을 내보내는 기분으로 치면 임팩트가 낮고
접촉시간이 길어져 낮고 런이 많이 나는 볼이 된다.

그립을 쥐는 방법으로
볼의 '강약'을 바꿀 수 있다

〈 '사뿐히 뜨는 볼'과 '힘이 있는 볼'을 치는 방법 〉

드라이버 헤드의 대형화와 샤프트 길이가 길어짐에 따라 그립은 스트롱(후크)하게 쥐는 것이 주류가 되었다.

대형 헤드의 긴 드라이버를 풀스윙하여 스퀘어로 볼을 맞추기 위해서는 손목을 돌릴 여유가 없으나 강하게 드라이버를 쥐면 손목을 돌리지 않더라도 헤드가 스퀘어로 내려오기 때문에 힘이 없는 골퍼라도 볼을 정확하게 잡아놓고 칠 수가 있게 된다.

최근에는 힘이 없는 골퍼뿐만 아니라 스윙을 좀 더 간단하게 하고 싶은 프로 골퍼들도 강하게 그립을 잡는 경향이 늘고 있는데, 그립을 강하게 쥐는 것은 어디까지나 볼을 멀리 보내기 위한 방법이라는 것을 잊어서는 안 된다. 멀리 보낼 필요가 없는 어프로치는 강한 그립이 언제나 좋다고는 할 수 없다.

골퍼들은 대개 드라이버부터 웨지까지 그립을 쥐는 법을 바꾸지 않는 사람이 많다. 클럽이 바뀔 때마다 그립 쥐는 법을 바꾸면 골프가 복잡해지기 때문에 그립을 바꾸지 않는 것은 그런대로 나쁘지 않다. 그렇지만 미묘한 터치가 필요한 어프로치에서는 그립 쥐는 법을 바꾸는 편이 좋을 경우가 있는 것을 알아 둘 필요가 있다.

예를 들어 거리가 짧은 칩샷의 경우 그립을 위크(약하게 쥠)로 하는 일이 많다.

위크 그립이라 하면,

1. 스윙 중 손목을 고정하기가 쉬워 페이스를 스퀘어로 유지하기가 좋다.

2. 볼에 힘이 거의 전달되지 않으므로 살짝 뜨는 볼이 된다는 장점이 있다.

볼이 그린 에지에서 2야드, 컵으로부터 5야드의 내리막 경사의 어프로치에서는 그린에 닿을까말까 한 곳에 살짝 띄운 볼을 떨어뜨려 겨우 굴러가는 미묘한 터치의 어프로치가 필요한데 이때에는 위크 그립으로 잡고 살짝 띄우는 볼을 치는 것이 좋다. 굳이 말하자면 '작은 로브샷' 같은 것인데 고속 그린이 많은 미국의 코스에는 이런 식의 어프로치가 필요한 경우가 많이 있다. 일본에서도 경우에 따라 위크 그립의 '작은 로브샷'이 필요한 곳도 있다.

반대로 컵이 그린 깊숙한 오르막에 놓여 있어 런이 많이 나는 피치 앤 런으로 붙여야 하는 경우는 다소 세게 쥐는 편이 볼의 힘이 세어져 좋은 결과로 이어지는 경우가 있다.

또한 어프로치가 서툰 사람도 강하게 쥐는 편이 좋다. 약하게 쥘수록 다운스윙 시 헤드가 빨리 떨어져 뒤땅 등의 미스가 나기 쉽기 때문이다.

이론은 이렇지만, 어프로치샷을 할 때의 그립은 상황이나 골퍼의 기량에 따라 결정해야 하므로 연습장에서 여러 가지 그립을 시도해 보기 바란다. 예상하지 못한 발견을 할 수 있을 것이다.

▶ 스트롱 그립과 위크 그립

⊙스트롱 그립   ⊙위크 그립

볼을 멀리 보내기 위해서는
스트롱 그립이 좋다.   위크 그립은 사뿐히 띄운
볼을 치기가 쉽다.

뒤땅을 방지하는 간단한 비결

〈 '정확하게 치자'는 의식이 지나친 건 아닌가? 〉

클럽은 솔부터 미끄러뜨리듯이

30야드 이내의 피치 앤 런에서 제일 많은 미스가 뒤땅이다. 뒤땅이란 볼을 정확히 치려고 했는데 볼 못 미친 곳에 클럽이 떨어져 잔디나 흙의 저항을 받아 헤드가 정확하게 볼을 맞히지 못하고 이 결과 의도했던 거리가 나지 않는 경우이다.

뒤땅을 치지 않기 위해서는 어떻게 하면 좋을까?

스윙 궤도를 바르게 하고 항상 볼을 정확히 맞추는 것이 지극히 당연한 일이지만 현실은 그렇지 않다.

예를 들어 당신은 연습장의 매트 위에서 어느 정도로 볼을 정확히 칠 수 있는가? 연습장의 매트는 클럽이 볼 약간 앞에 맞아도 솔이 미끄러져 들어가기 때문에 약간의 뒤땅성이더라도 볼을 맞출 수 있어 어느 정도의 거리가 난다.

그렇지만 실제의 코스에서는 이렇지가 못하다. 볼을 정확히 맞추기 위해서는 볼과 잔디의 아주 작은 사이로 정확하게 클럽을 넣어야 할 필요가 있다. 1cm라도 전에 넣으면 바로 뒤땅이 되고 그 반대라면 탑볼이 되어 버리기 때문에 볼과 잔디의 아주 작은 사이에 항상 깨끗하게 클럽을 넣기 위해서는 로봇과 같은 정확성을 필요로 한다.

더군다나 실제 코스에서는 볼의 라이가 미세하게 경사져 있거나 잔디의 밀도가 일정치 못하거나 하여 더욱더 볼을 정확하게 맞추는 것이 어려워지게 된다.

어프로치에서 뒤땅의 미스를 없애려면 먼저 '정확하게 친다'는 의식을 버려야 한다. 볼을 정확하게 치려고 하면 아무래도 클럽의 날(리딩 에지)부터 들어가 볼을 맞추어야 한다고 생각해서 날부터 넣으려고 하면 클럽이 지면을 파고 들어가 버리기 더 쉬워진다.

피치 앤 런에서 헤드를 바르게 넣는 방법은 날이 아닌 솔부터 넣는 것이다. 솔부터 넣으면 바운스 부분이 잔디 위를 미끄러져 주기 때문에 약간의 뒤땅이 되더라도 확실하게 볼을 맞힐 수 있게 된다. 연습장의 매트에서는 의도하지 않았어도 저절로 솔이 미끄러져 주어 미스가 미스로 되지 않았으나, 실제 코스에서는 의도적으로 솔을 미끄러지게 하여 미스의 확률을 낮춰 주게 된다.

또한 솔부터 넣어 준다는 의식이 있다면 클럽의 궤도가 둔각이 되어 클럽 페이스에 볼을 잘 실을 수가 있어 그 결과 낮고 스핀이 걸린

프로와 같은 샷이 된다. 볼의 위치와 셋업의 자세는 전 항에서 소개했던 피치샷의 기본적인 타법과 같다.

때로 '약간'이 아닌 '상당히' 뒤땅성이더라도 이런 볼은 스핀이 걸리지 않기 때문에 캐리는 나지 않더라도 예상 이상으로 런이 나 스핀이 걸린 때와 같은 멋진 결과가 나는 경우가 많이 있다.

▶ 뒤땅이 나지 않는 비법

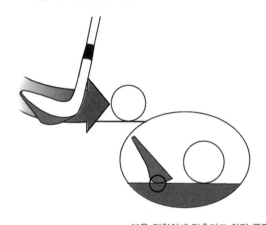

볼을 정확하게 맞추려고 하면 클럽의 날이 지면을 파고 들어 뒤땅이 되기 쉽다. 그림과 같이 볼의 조금 앞에서 부터 솔을 미끄러지게 하는 감으로 친다.

볼을 감싸 안듯이 클럽 페이스에 태운다.

피치 앤 런에서 클럽을 솔부터 넣어 주기 위해서는 또 하나의 요령이 있는데 그것은 테이크 백에서는 페이스를 열고 팔로우에서는 페이스를 닫아 주는 것이다. 페이스가 열린 상태에서 임팩트를 하게 되면 볼은 약간 우측으로 날아가게 되어 거리가 나지 않게 된다.

페이스를 열고 닫아주기 위해서는 테이크 백에서 약간의 콕킹을 한다(손목을 엄지 쪽으로 꺾는다). 콕킹을 하지 않고 테이크 백을 하면 페이스가 열리지 않고 날도 밑을 향한 채로 임팩트되므로 스윙의 다운 시 날부터 먼저 들어가 뒤땅이 되기가 쉽다.

한편 팔로우에서 페이스를 닫는다고 해도 손목을 사용해야 하는 것은 아니다. 테이크 백에서 약간의 콕킹이 있기 때문에 손목의 각도를 유지한 채 몸을 돌려 임팩트를 한다. 몸을 확실히 돌려주면 팔로우에서 자연스럽게 페이스는 닫히게 되는 셈이다.

콕킹을 해서 페이스를 열고 닫는다는 것을 달리 표현하자면 클럽의 힐을 중심으로 볼을 감싸 안는 듯한 이미지로 임팩트를 한다고 하면 좋은 표현이 될까?

여기서 같은 솔이더라도 힐 쪽의 솔부터 먼저 넣어주는 의식이라면 좋다.

비슷한 얘기지만, 뒤땅과 같은 미스는 클럽의 접지면적이 크기 때문에 일어난다고 할 수 있다. 힐 쪽부터 먼저 클럽을 넣어주는 의식으로 하면 클럽의 접지면적이 작게 되어 미스의 위험성이 적어지게 된다.

낮은 훅성 볼을 치려는 의도로 몸의 회전을 이용해 과감하게 페이스를 로테이션시켜 보자.

페이스가 돌면 헤드 스피드가 붙고 볼과 헤드가 접촉해 있는 시간도 길어지기 때문에 그만큼 볼에 스핀이 잘 걸려 거리감, 방향성도 딱 맞아져 프로와 같이 낮고 딱 세울 수 있는 샷을 칠 수 있게 된다.

▶ 클럽을 솔부터 넣어주기 위한 조건

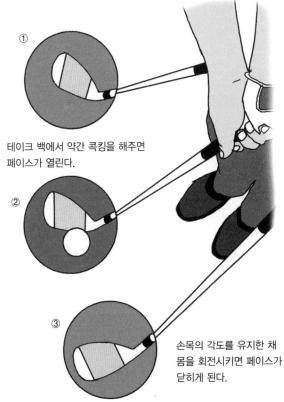

① 테이크 백에서 약간 콕킹을 해주면 페이스가 열린다.

②

③ 손목의 각도를 유지한 채 몸을 회전시키면 페이스가 닫히게 된다.

'눈의 착각'으로 당신도 실패하고 있다

〈 자신도 알지 못하는 미스샷의 이유 〉

런닝 어프로치 시에는 라인을 읽기가 쉬운데 볼을 높이 띄워야 할 수록 라인 읽기가 어려워진다는 골퍼가 적지 않다.

지금까지 낮은 볼일수록 라인 읽기가 쉽다는 것을 기회 있을 때마다 얘기해 왔지만 그 이유는 바로 낮은 볼일수록 '눈의 착각'이 일어나지 않기 때문이다.

옆 페이지의 그림 ①을 보자. 이것은 볼을 똑바로 치려고 할 때 볼의 날아가는 방향(그림의 붉은 선)을 볼의 후방에서 볼 때의 그림이다.

그런데 이것을 골퍼의 눈으로부터 보면 어떻게 될까?

이것이 그림 ②로 볼은 우측으로 나가려고 하는 것처럼 보이게 된다.

▶ 어프로치 시에는 '착각'이 일어나기 쉽다.

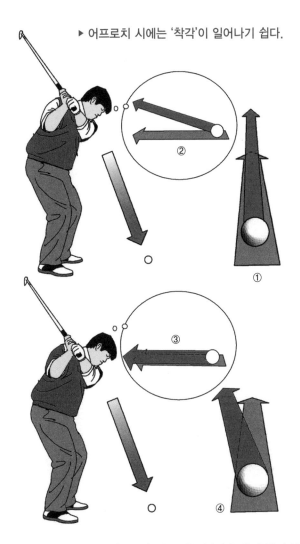

목표를 향해 똑바로 볼이 나가더라도(그림 ①), 비스듬한 경사에서 치는 본인의 위치에서 보면 우측으로 나가는 것처럼 보여진다(그림 ②). 이 착각을 수정하려고 자신이 보는 똑바로의 방향으로 치면(그림 ③), 실제는 목표보다 좌로 나가 버린다(그림 ④).

이것은 골퍼가 볼을 바로 위에서가 아니고 앞에서부터 비스듬한 라인에서 보고 있기 때문으로 일종의 '눈의 착각'인데 이를 모르고 자신의 눈에서 본 볼을 똑바로 치려고 하면(그림 ③), 실제는 원하는 곳보다 왼쪽으로 볼은 날아가고 만다(그림 ④).

이 '눈의 착각'은 어프로치뿐만 아니고 모든 샷의 경우에 일어나지만 드라이버샷처럼 볼의 초속이 빠른 때에는 임팩트 직후 볼이 날아가는 방향 등이 너무 빠른 속도 때문에 볼 수가 없어 이 '눈의 착각'은 거의 의식하지 못하게 된다.

그런데 어프로치의 경우에는 볼의 초속이 느려 구질을 잘 볼 수가 있게 되어 '자신의 눈으로부터 본 똑바로 나가는 라인'으로 치려고 하면 실제는 노렸던 곳보다 좌측으로 나가 버리는 결과가 되고 만다.

'실제로 똑바로 나가는 라인'과 '자신의 눈에서 보는 똑바로 나가는 라인'은 틀리다. 볼이 우측으로 나가는 듯 보이는 것이 정확히 나가는 방향이다―이런 사실을 알고 있는 것만으로 어프로치의 방향성은 꽤 좋아질 수 있다.

마찬가지로 퍼팅 시에도 '눈은 볼의 바로 위'라는 것이 정설인데 그 이유는 눈이 볼 바로 위에 있으면 이런 '눈의 착각'이 일어나지 않기 때문이다.

로브샷은 '최후의 수단'으로 생각한다

〈 프로를 흉내 내 '최악'에 빠지지는 않는가? 〉

'볼은 띄워야 하는 것'이라는 오해

볼은 그린 너머, 에지까지는 8야드의 러프에 있다. 컵은 에지로부터 8야드나 되는 상당히 내리막 경사에 놓여 있으며 더구나 그린은 터무니없이 빠르게 세팅되어 있다.

이 장면에서 프로 골퍼는 자주 로브샷에 도전한다. 페이스를 아주 열고 풀스윙을 하면 볼은 10m 가까이 떠올랐다 에지와 핀 사이에 똑하고 떨어져 느릿느릿 굴러 핀에 붙는다.

무엇보다 멋진 기술임에 틀림없다. 이 장면에서, 굴리기나 피치 앤런으로는 도저히 붙일 수가 없다. 볼이 러프에 있기 때문에 스핀을 걸기 힘들며 게다가 컵까지 상당한 내리막 경사의 고속 그린이기 때문에 에지에 아슬아슬하게 볼을 떨어뜨려도 컵을 훨씬 지나쳐 버리게 된다.

로브샷을 치는 방법 그 자체는 후술하는 바와 같이 에버리지 골퍼가 생각하고 있는 것보다 어렵지는 않다. 그러나 그 정도로 높이 볼을 띄우고 거기에 거리감까지 맞추는 것이 아주 어려운 일이다.

로브샷이 풀스윙임에도 불구하고 거리가 나지 않는 것은 페이스를 열게 되면 볼에 전달되는 에너지가 위로 향하게 되기 때문인데 얼마나 페이스를 열고 어느 정도 스핀을 걸면 생각한 대로 거리가 날 것인가? 이것은 이미 축적되어 있는 경험을 토대로 판단할 수밖에 없다.

또한 기술적으로도 클럽 헤드의 궤도가 지나치게 볼 밑부분이면 소위 말하는 '오뚝이 볼'(그 자리에서 떴다가 그대로 떨어지는 볼)이 되어 전혀 거리가 나지 않으며, 클럽의 날이 직접 볼을 맞추게 되면 이번엔 엄청난 홈런 볼이 되고 만다.

그러므로 로브샷이란, 프로 골퍼에게도 도박에 가까운 것이라 말할 수 있다.

낮은 볼로는 붙일 수가 없는 경우라도 정말로 로브샷이 필요한지는 아주 신중히 생각해 보는 것이 좋다. 예를 든다면 벙커를 넘기는 샷의 경우 필요 이상으로 볼을 띄우려고 하는 골퍼가 많지만 포대 그린이 아니라면 보통의 피치샷으로도 충분히 벙커를 넘기는 경우가 많다. 컵이 에지 가까이에 있더라도 높은 볼보다 낮으면서 스핀이 걸린 볼이 더 잘 붙을 수도 있다.

거기다 비슷한 얘기지만, 우리들이 보통 플레이하고 있는 코스의 그린은 미국 프로 골퍼의 토너멘트가 열리는 코스처럼 초고속 그린이 아니기 때문이다.

리스크가 큰 로브샷은 '최후의 수단'이라고 생각하자. 많은 연습이 필요하므로 에버리지 골퍼들은, 로브샷을 연습할 시간이 있다면 차라리 피치 앤 런의 연습을 하는 편이 훨씬 좋다(볼과 친해지고 웨지를 다루는 법을 익히는 의미라면 로브샷의 연습을 추천하지만).

▶ '멋진 볼'의 득과 실

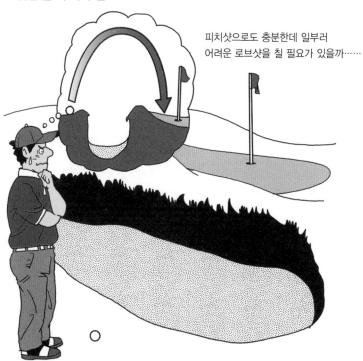

피치샷으로도 충분한데 일부러
어려운 로브샷을 칠 필요가 있을까……

로브샷은, 볼을 띄우려고 팔로만 급히 치거나 결과를 보려고 헤드업을 하기 쉽다.
결과적으로 실패의 리스크가 큼을 염두에 두어야 한다.

볼을 몸으로 띄우려 하면 큰 실패를 한다.

리스크를 알고 있지만 로브샷에 도전할 수밖에 없는 경우를 위해 치는 방법을 설명하기로 하자.

1. 볼의 위치는 피치샷보다 1~2개 정도 왼쪽.

2. 스탠스는 오픈으로 벌리고 평소보다 양 무릎을 굽히고 낮게 자세를 잡는다. 체중은 좌우 반반이나 좌 4, 우 6으로 한다.

3. SW의 페이스를 최대한 열고 그립보다 헤드가 약간 좌측으로 가도록(핸드 퍼스트의 역) 셋업한다.

4. 그립을 부드럽게 쥔다. 콕킹을 일찍 해주고 풀스윙을 하듯이 크고 헐겁게 휘두르며 체중이동은 하지 않는다.

클럽의 솔을 볼의 10cm 전에 미끄러지듯이 볼을 맞춘다.

요령은 임팩트 시 손보다 클럽이 먼저이고 임팩트부터 팔로우까지 왼쪽 어깨가 열리지 않도록 하면 헤드가 가속이 붙은 채로 볼의 밑부분을 미끄러져 지나게 된다.

로브샷 시 절대 해서는 안 되는 것이 몸으로 볼을 띄우려고 하는 것. 구체적으로 설명하면 임팩트에서 몸이 일어난다거나 팔로 볼을 퍼올리려고 하는 동작이다. 이렇게 되면 대부분 탑볼이 되고 만다. 애당초 볼이 뜨게끔 하는 로프트가 큰 클럽을, 페이스를 열어 줌으로 높이 띄우려고 자세를 잡았기 때문에 무리하게 몸으로 볼을 띄우려고 할 필요가 없다.

로브샷을 성공시키기 위해서는 볼의 밑에 클럽이 빠져 나가기 위

▶ SW로 로브샷을 치는 방법

①
클럽 페이스를 열고 그립을 클럽 헤드보다 약간 우측에 셋트한다.

②
콕킹을 일찍 해주고 허리를 중심으로 크게 몸을 회전시키는 감으로.

볼의 위치는 피치샷보다 볼 1~2개 정도 왼쪽

스탠스는 오픈으로 다소 넓게. 보통보다 양 무릎을 굽히고 낮게 자세를 취한다.

③
클럽의 솔 부분을 볼보다 10cm 정도 앞에서부터 미끄러뜨리는 이미지로.

④

어드레스나 임팩트의 형태는 같게 하고 손보다 클럽이 먼저 나가는 감각으로

몸이나 팔로 볼을 띄우려고 하지 말 것. 페이스를 맘껏 열고 풀스윙의 요령으로 크고 천천히 휘두른다.

한 공간이 있어야 하는 것이 조건이다. 즉, 잔디가 짧거나 듬성듬성한 그라운드에서는 아무리 일류 프로가 한다고 해도 성공 가능성이 희박하다고 할 수밖에 없다.

마지막으로 중요한 것이 용기이다. 거리가 나지 않도록 자세를 잡았기 때문에 마음껏 크게 휘둘러 줘야 한다.

1핀 이내에 붙이면 대성공이라 생각하고 긴장을 풀고 도전해 보도록 하자.

3장

더 이상 헤매지 않고－

러프 등 어려운 곳에서
그린을 노리는 프로의 비법

평탄한 연습장과는 달리, 실제 라운드는 '심술궂은 상황'과의 승부라고 할 수 있다. 깊은 러프, 말라버린 잔디의 '베어 그라운드', 디보트 자국……. 골프란 여러 가지 상황에 대응하는 샷이 제각기 있다. 그런데 언제나 똑같은 타법을 하고 있지는 않은가? 골프의 달인들이 구사하는 방법과 생각하는 법을 배워보자.

볼을 치기 전 이미 당신은 미스를 저지르고 있다

〈 샷을 하기 전에 반드시 해야 할 것을 실천하고 있는가? 〉

먼저 라이를 정확히 확인하는 것이 중요

실제 라운드에서 어프로치를 성공시키기 위해서 보다 중요한 것은 기술이 아니고 볼이 어떤 상황에 놓여 있는가? 즉, 볼의 라이를 정확하게 파악하는 것이다.

구체적으로는,

1. 러프에 묻혀 있는가, 떠 있는가?
2. 볼과 지면 사이에 클럽을 넣을 수 있는 공간이 있는가, 없는가?
3. 잔디 결은 순결인가, 역결인가?
4. 볼이 놓여 있는 장소가 평평한가, 경사졌나.

등을 살펴보는 것이 어프로치를 붙이기 위한 절대조건이 된다.

라이의 확인을 게을리했다거나 라이의 상태를 잘못 판단하게 되면 아무리 기술이 좋아도 그 기술은 소용이 없게 되고 오히려 그로 인해 미스의 원인이 되고 만다.

예를 들면 볼이 러프에 묻혀 있는 데도 로프트를 세워서 볼을 깔끔하게 치려고 하면 러프의 저항을 강하게 받아 볼을 컵에 붙이기는커녕 러프로부터 탈출마저 못하는 수도 있다. 이런 경우에는 페이스를 열고 러프를 잘라 버리듯이 볼을 사뿐히 띄우지 않으면 안 된다. 반대로 볼이 떠 있을 때, 페이스를 열고 솔을 미끄러지듯이 치면 볼이 그 자리에서 떴다 떨어지는 오뚝이 볼이 되어 전혀 거리가 나지 않는 경우도 있다.

또 볼이 페어웨이에 있으면 굴리든지 띄우든지 어느 쪽도 가능하지만 같은 페어웨이더라도 볼이 조금 묻혀 있는 경우도 있으며 잔디의 결이 역결의 상태일 수도 있고, 겨울의 말라버린 잔디에서는 페어웨이보다 러프 쪽이 붙이기 쉬운 경우도 있다. 이런 상황 판단이 적절한가 아닌가에 따라 스코어가 크게 달라지는 것은 말할 필요도 없다.

이번 장에서는 주로 러프나 잔디가 듬성한 맨바닥인 그라운드 등 어려운 장소에서의 어프로치를 하는 방법을, 다음 장에서는 여러 가지 경사에서의 어프로치 방법을 설명하고자 하는데 실제의 라운드에서는 라이 이외의 여러 상황에 대해서도 반드시 확인해야 한다.

그 중 하나가 그린의 딱딱함과 빠르기 그리고 기울기이다. 딱딱하고 빠른 그린에서는 첫 번째 바운드가 크게 튀어 오르거나 스핀을 걸기가 어려워져 런이 많이 나는 것을 감안하여 어프로치의 방법과 구질을 선택해야 하며 컵까지의 경사나 그린 에지부터 컵까지의 거리에 따라 어프로치의 방법이 달라진다.

또 다른 하나는 바람이다. '굴리기'라면 거의 영향을 받지 않으나 뒤바람의 경우 볼을 띄우면 생각보다 거리가 나거나 스핀이 풀려 런이 나버리는 경우가 있다. 그래서 프로나 상급자는 앞바람인 경우에 어프로치가 더 쉽다고 하는 사람도 있다.

이렇게 어프로치에 관계된 코스 매니지먼트에 관해서는 6장에서 설명하겠지만 이처럼 어프로치라는 것은 기술 이전에 여러 가지를 고려하지 않으면 안 되는 것이 많이 있다. 우승을 다투고 있는 프로 골퍼처럼 시간을 끌면 슬로우 플레이가 되기 때문에 주의해야 하므로, 이제부터 소개하듯이 '라이별/타법의 공식'을 기억해 두면 시간을 거의 끌지 않고도 '정답'을 도출해 낼 수가 있다.

'실전과 같은 연습스윙'은 스코어를 줄여준다.

1장에서 거리감을 맞추기 위해서는 무엇보다 이미지가 중요하며 그러기 위해서는 '떨어뜨릴 장소'를 바라보며 하는 연습스윙이 중요하다고 설명하였다. 여기서는 라이별 타법을 설명하기 전에 다시 한 번, 다른 각도에서 연습스윙의 중요성을 지적하고 싶다.

연습 목적의 라운드에서 그린 주변의 어프로치가 실패하여 그곳에서 다시 한 번 더 볼을 쳤더니 핀에 딱 붙는 이런 경험이 많이 있을 것이다.

딱 붙일 수 있는 이유는 말할 것도 없이, 한 번 더 같은 곳에서 치는 골퍼는 그 라이 그대로라면 어떤 볼이 나와 어디에 떨어져 어떻게 굴려갈 것인가가 막연한 이미지로가 아니라 현실, 즉 실제의 영상처럼 그려질 수 있기 때문이다.

원래 골프란, 샷이건 퍼트이건 간에 다시 한 번 더 치는 것이 허용된다면 바로 스코어를 10타 이상 줄일 수 있고, 특히 어프로치와 퍼팅에서 한 번 더 쳐볼 경우에는 붙이거나 컵에 넣을 수가 있는데, 이런 사실은 짧은 거리를 치는 이 두 가지 샷에서는 그 정도로 이미지가 중요하다는 것을 말해주는 무엇보다 강한 증거이다.

물론 골프에서는 어떤 샷이나 퍼트이든 간에 한 번 밖에 할 수 없으므로 어떡하면 다시 한 번 더 치는 것과 같은 좋은 결과를 얻을 수 있을까?

방법은 하나뿐이다. 스탠스, 페이스를 여는 정도, 스윙의 폭 등을 실전과 똑같이 해서 볼 부근의 같은 라이에 서서 '실전과 같은 기분으로 연습스윙'을 하는 방법이다. 이 '실전과 같은 연습스윙'의 결과, 어떤 볼이 나와 그린에서 어떻게 구를 것인가를 머릿속에 그려 보게 되면 이것이 이미지만이 아닌 실제로 보는 것처럼 시각화될 수가 있다.

만약 이 이미지가 마음에 들면 당신은 이미 1타를 쳐본 것과 마찬가지다. 이 이미지가 사라지기 전에(어떤 프로에 의하면 이미지가 떠오르고 8초 이내에 치지 않으면 그 이미지는 사라져 버린다고 한다) 연습스윙과 똑같은 스윙을 하면 다시 한 번 더 치는 것과 같이 컵에

▶ 실전과 같은 연습스윙이 당신을 구해준다.

실제와 같은 연습스윙을 함으로써, 잔디의 저항이나 경사의 정도를 확인한다.
적당히 연습스윙하고 나면 실전과 다른 스윙이 되어 결과적으로
미스가 나게 된다.

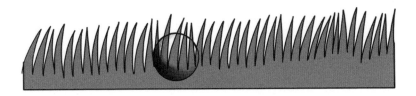

붙일 수 있게 된다. 마음에 들지 않으면 자신이 원하는 샷이 될 때까지 '실전과 같은 연습스윙'을 반복하도록 한다.

보통 연습스윙이라 하면 무엇보다 '감'을 잡기 위해서 하는 골퍼가 많으나, 특히 러프나 복잡한 라이에서는 이런 식의 막연한 연습스윙은 그 의미가 없다.

똑같은 라이에서 실제의 샷과 똑같은 자세로 실전 그대로의 '신중한 연습스윙'을 하면 이미지가 리얼하게 되는 효과만 있는 게 아니다. 볼이 러프에 있는 경우에는 러프의 저항이 어느 정도인지를 판단하는 기초가 되며 복잡한 라이에서는 클럽의 접지점을 확인할 수가 있어 어디에 볼을 세트하면 좋을까를 알게 되는 등 '실제와 같은 연습스윙'은 이렇게 '실제적인 이익'이 있는 셈이다.

어프로치에서 연습스윙을 2~3회 반복한다 해서 슬로우 플레이라고 하지는 않는다. 자신이 납득할 수 있을 때까지 리허설을 반복해야 할 것이다.

러프에 볼이 놓였을 때의 바른 타법은

〈 어떤 상황에서도 항상 같은 타법으로 하고 있지는 않은가? 〉

러프에 묻혀 있는 볼은 어떻게 칠 것인가?

라이별 타법의 제1번으로 '러프에 묻혀 있는 볼'의 타법인데, 한마디로 말하자면 '러프에 묻혀 있는 볼'이라 해도 그 라이는 다 같지가 않다.

먼저 러프에 묻혀 있어도 볼의 머리가 보이며 볼의 밑으로 클럽이 들어갈 틈이 있는 경우로 대부분이 5~6cm 정도 깎은 러프의 중간에 볼이 묻혀 있으며 보통의 코스에서 가장 많은 케이스이다.

이럴 때에는 SW의 페이스를 열고 솔을 미끄러뜨리듯이 치는 것이 정답이다(물론 '손으로 치기'는 안 되고 몸의 회전으로 친다). 러프에서의 샷은 헤드가 잔디에 휘감겨 임팩트 시 페이스가 급격히 돌아가 버려 볼이 좌측으로 나가기 쉬우나 페이스를 열면 이로 인해 잔디를 자르는 것처럼 되어 잔디에 감기지 않게 된다.

러프에서 잔디의 저항에 이기기 위해 위에서부터 예각(위에서 아래로 바로)으로 내리꽂는 사람이 많은데 이런 타법은 볼은 러프에서 탈출하여도 세우기가 어려워 좀처럼 붙이기가 쉽지 않다.

러프에서 볼을 위로부터 내리꽂아도 좋은(아니면 내리꽂을 수밖에 없는) 경우는 볼의 머리가 보이지 않을 정도로 깊은 잔디에 묻힌 경우와 볼의 밑부분에 솔을 넣을 수 있는 공간이 없을 경우이다.

이런 샷은 밑에 공간이 있는 경우보다 훨씬 어려운 샷이 된다. 포인트는 '잔디의 저항에 지지 않고 헤드에 볼을 정확하게 맞도록 휘둘러 주는가'에 있다.

그러기 위해서는 먼저 왼발 7, 오른발 3의 체중배분으로 오픈 스탠스의 자세를 잡고 SW의 페이스를 열면 자동적으로 핸드 퍼스트의 자세가 되기 때문에 클럽을 예각으로 내리기가 쉬워진다.

다만 예각으로 클럽을 넣어준다고 해도 위로부터 내던져 버리는 식의 타법은 안 된다. 이렇게 되면 손으로만 치는 타법이 되기 쉬워 러프에서 볼이 빠져 나와도 거리는 전혀 나지 않으며 방향성도 나빠진다.

이런 샷에서는 클럽은 예각으로 넣어도 어디까지나 몸의 회전으로 스윙을 해주어야 한다. 팔로우에서 몸 전체가 목표를 향하도록 하면 손이나 팔만이 아닌 몸 전체의 회전으로 스윙하기 때문에 잔디의 저항에 감기지도 않는다. 다만 볼은 거의 스핀이 걸리지 않기 때문에 런이 나온다. 이미지는 살짝 띄워서 떼굴떼굴 굴러가는 감이며 런이 길게 날 것을 감안하여 1핀 이내에 붙일 수 있다면 감지덕지해야 한다.

또 러프에서의 어프로치 시에는 잔디의 저항에 견디기 위해 그립을 평소보다 세게 쥐어야 한다.

▶ 볼이 반 정도 묻혀 있는 러프에서의 타법

SW의 페이스를 열고 솔을 미끄러뜨리듯이 치면 잔디에 휘감기지 않게 된다.

▶ 볼이 완전히 묻혀 있는 러프에서의 타법

① ② ③ ④

왼발에 크게 체중을 걸고 페이스를
많이 연다. 클럽을 예각으로 넣어 주고
팔로우에서 몸 전체가 목표를 향하도록
하면 잔디의 저항에 영향을 받지
않게 된다.

저항이 강한 '역결의 러프'을 벗어나는 타법

그린 너머나 옆 홀로 이동하는 통로 같은 곳의 잔디는 대개 역결로 되어 있다.

역결의 러프에서 어프로치를 할 경우, 그다지 볼이 묻혀 있지 않아도 잔디의 저항이 예상 외로 크기 때문에 꽤 어렵지만 하나의 탈출책이 있다.

그것은 역결의 러프에서는 다소 볼이 묻혀 있는 듯 보여도 볼 밑에 공간이 있는 경우가 많다는 사실이다. 즉, 전 항에서 설명했듯이 SW의 페이스를 열고 솔을 미끄러지듯이 치는 것이 이 경우의 정답이다. 이미지로는 볼의 전후에 있는 잔디를 평평하게 깎는 기분이며 볼을 예각으로 내려치는 것은 위험하다.

요령은 볼을 약간 왼발에 놓고 어드레스 시 핸드 퍼스트로 자세를 잡는 것. 이리하면 헤드를 평평하게 나가게 하는 것이 쉬워진다.

이 경우 손으로의 스윙은 금물. 피니쉬에서 목표를 향해 몸이 돌아가게 확실히 회전시켜 주지 않으면 러프에 휘감겨 임팩트가 풀리기도 한다.

역결의 러프는 저항이 세기도 하고 볼을 맞히는 부분이 페이스 윗부분이 되기 때문에(열린 페이스로 볼 밑을 파고들면 당연히 그리 되지만), 캐리가 그다지 나지 않아 보통 샷보다 2배의 거리감으로 쳐도 좋다.

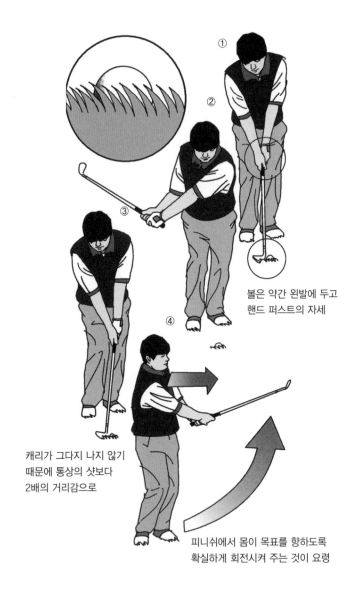

① ② ③ ④

볼은 약간 왼발에 두고
핸드 퍼스트의 자세

캐리가 그다지 나지 않기
때문에 통상의 샷보다
2배의 거리감으로

피니쉬에서 몸이 목표를 향하도록
확실하게 회전시켜 주는 것이 요령

116

러프에 떠 있는 볼을 '그 자리에 떨어지는 볼'이 되지 않게 치는 방법

러프에 들어간 볼이지만 가서 보니 볼이 잔디 위에 떠 있다. 이럴 때 대부분의 골퍼는 '다행이다!' 생각하게 마련이다. 이런 라이라면 페이스를 열든지 닫든지 간에 볼을 정확하게 칠 수가 있게 되며 사용 클럽도 캐리와 런을 어떤 비율로 할 것인가에 따라 무엇이든 사용할 수가 있다.

그런데 다행이다 생각한 것도 한순간, 이런 라이에서는 흔히 미스를 하기 쉽다. 가장 많은 것이 '그 자리에 떨어지는 경우'로 볼이 떠 있기 때문에 밑을 너무 파고들어가 거의 볼이 나가지 못하고 그 자리에 다시 떨어지게 되는 실수로, SW 등 로프트가 큰 클럽을 사용했을 때 일어나기 쉽다.

'그 자리에 떨어지는 볼'이 되지 않기 위해서는 볼이 지면으로부터 어느 정도 떠 있는가를 확인해서 떠 있는 만큼 클럽을 짧게 쥐어야 한다. 그리고 몇 번이고 연습스윙을 해서 헤드가 통과하는 높이를 확인하며 그 다음은 평상시처럼 스윙하면 된다.

다만 볼을 높이 띄우려고 할 때는 애써 클럽을 짧게 잡았어도 오똑이 볼이나 탑볼의 위험이 있다. 볼이 떠 있는 경우에는 오히려 페이스를 스퀘어로 하고 볼을 페이스에 태워 떨어뜨릴 장소까지 '옮겨 준다'는 이미지가 중요하며 구체적으로는, 볼 옆으로부터 헤드가 들어가 쓸어버리는 듯한 스윙을 하면 좋다.

볼을 깨끗하게 칠 수는 있어도 러프에 있는 만큼 스핀을 걸기는 어려워 런이 많이 나온다는 생각으로 떨어뜨릴 장소를 결정해야 한다.

▶ 러프에 떠 있는 볼을 치는 방법

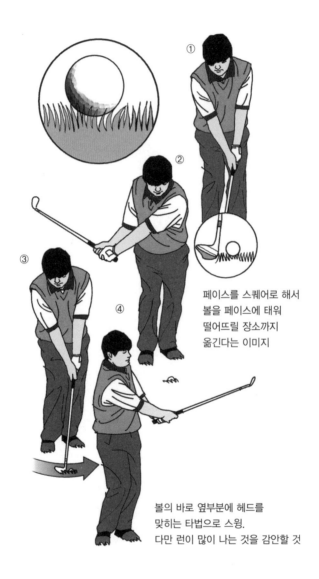

페이스를 스퀘어로 해서
볼을 페이스에 태워
떨어뜨릴 장소까지
옮긴다는 이미지

볼의 바로 옆부분에 헤드를
맞히는 타법으로 스윙.
다만 런이 많이 나는 것을 감안할 것

치기 어려운 곳에서의 확실한 타법은

〈 디보트나 잔디가 없는 곳에서 어떻게 붙일 것인가? 〉

디보트 자국에 볼이 놓인 경우의 두 가지 타법

그린을 노린 볼이 약간 짧아 그린 언저리에 섰다. 이 정도라면 1퍼트 이내로 붙일 수 있다고 생각하며 볼이 있는 자리에 가보니 운이 없게도 디보트 자리에……. 그린 언저리는 다른 플레이어의 뒤땅 흔적이 의외로 많이 나 있음은 이미 잘 알고 있을 터이다.

디보트 자국은 볼의 밑이 짧은 잔디나 모래이기 때문에 클럽을 넣을 공간이 없어 클럽 헤드의 솔을 미끄러뜨리듯 넣는 것이 불가능하다.

그렇기 때문에 방법은 두 가지밖에 없다. 하나는 클럽의 페이스를 세우고 런닝 어프로치의 요령으로 굴리는 방법과 또 하나는 페이스를 돌리면서 약간 다운 블로우로 치는 방법이다.

▶ 페이스를 세우고 런닝 어프로치

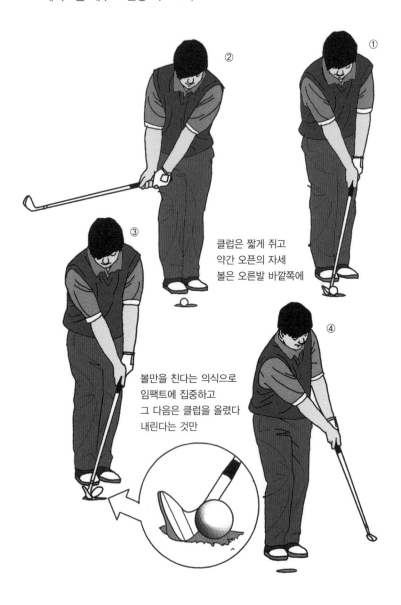

② ①

클럽은 짧게 쥐고
약간 오픈의 자세
볼은 오른발 바깥쪽에

③

볼만을 친다는 의식으로
임팩트에 집중하고
그 다음은 클럽을 올렸다
내린다는 것만

④

둘 다 볼을 그린에 붙이기 위한 타법이지만 쉬운 쪽은 당연히 전자, 즉 런닝 어프로치이다.

포인트는 클럽을 가능한 짧게 쥐고 약간 오픈으로 어드레스해 볼을 오른발 밖에 놓는다(페이스를 세운 상태에서 목표에 스퀘어로 셋업하면 필연적으로 볼은 오른발 바깥쪽에 오게 되어 있다). 다음은 볼만 친다는 의식으로 임팩트에 집중해 클럽을 올렸다 내리면 된다. 웨지로는 뒤땅을 치기 쉽기 때문에 숏아이언이나 퍼터, FW을 사용해도 좋다.

후자의 방법은, 핀까지의 거리가 10야드 이내의 짧은 경우에 적합하다. 약간 오픈 스탠스로 자세를 잡고 볼은 정중앙에 둔다. SW의 페이스를 약간 오픈으로 셋업해 백스윙 시 페이스를 많이 열고 다운 이후는 페이스를 닫는다. 이 페이스를 열고 닫음에 의해 클럽의 궤도가 평소보다 약간 다운 블로우가 되기 때문에 다소 라이가 나빠도 볼을 깨끗하게 칠 수가 있다.

요령은 손목을 유연하게 사용하는 것이나 그러기 위해서는 상당한 연습을 해 두지 않으면 안된다.

▶ 페이스를 돌려가며 다운 블로우로

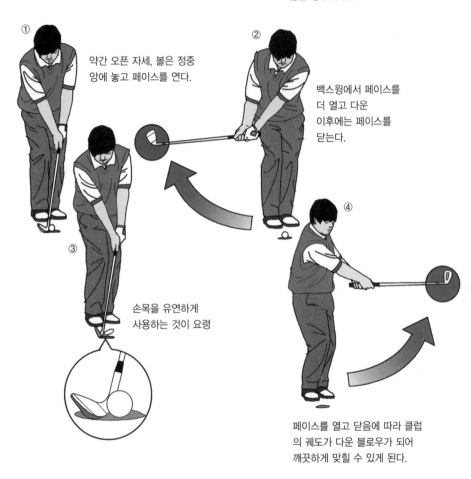

＊핀까지 10야드 정도 밖에 되지 않는 경우에 유효

① 약간 오픈 자세, 볼은 정중앙에 놓고 페이스를 연다.

② 백스윙에서 페이스를 더 열고 다운 이후에는 페이스를 닫는다.

③ 손목을 유연하게 사용하는 것이 요령

④ 페이스를 열고 닫음에 따라 클럽의 궤도가 다운 블로우가 되어 깨끗하게 맞힐 수 있게 된다.

초보자가 잘못하기 쉬운 베어 그라운드에서의 타법

베어 그라운드에서 가장 해서는 안 되는 것이 볼을 띄우려고 하는 생각이다.

볼을 띄우기 위해서는 페이스를 열고 볼의 밑부분을 파고 들듯이 치지 않으면 안 되는데 베어 그라운드에서는 볼 밑이 딱딱한 흙이기 때문에 이렇게 하면 십중팔구 솔이 튕겨져 버리는데 골프의 경험이 적은 사람일수록 이 불가능한 일을 하려고 한다.

베어 그라운드에서의 기본적인 타법은 '굴리기'이다. 페이스를 세우고 리딩 에지를 목표로 스퀘어로 한 후 헤드를 볼에 맞추는 것에 집중해야 한다. 헤드가 위에서 떨어지면 바로 끝내는 이미지면 좋다.

사용하는 클럽은 SW는 바운스가 크기 때문에 사용하지 않는 것이 좋다(튕겨져 나가기 쉽다). 짧은 거리더라도 PW나 9번 아이언을 사용한다. 30야드 이상의 거리나 그린까지 경사가 심한 오르막인 경우는 8번이나 7번 아이언으로 한번 바운드 후 들어가는 정도의 시도로 하면 좋다.

카라와 러프의 경계에 있는 볼의 타법

그린을 지나친 볼이 카라(그린과 러프의 경계로 잔디가 조금 자라 있는 부분)와 러프의 경계에 섰을 경우, 볼 뒤가 러프이므로 클럽이 잘 들어가지 않을 수도 있다.

이런 경우의 어프로치 타법으로 다른 책에서 소개했듯이 SW의 리

▶ 카라와 러프의 경계에서의 타법

＊런이 꽤 나기 때문에 컵까지의 거리가
있는 경우에 유효

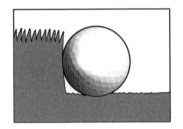

볼의 앞부분부터 잔디를 깎는 것처럼
잔디와 볼을 함께 떠 옮기는 이미지로

딩 에지(날) 부분으로 볼의 정중앙 적도 부분을 톡하고 치는 법을 소개하였으나 이번에는 다른 타법을 소개하고자 한다.

하나는, 클럽의 페이스를 세우고 볼과 러프 사이를 목표로 위로부터 예각으로 치는 방법이다. 헤드를 떨어뜨렸다 생각되면 바로 스윙을 끝내는 이미지면 된다.

또 다른 하나는, 볼을 오른발 바깥쪽에 놓은 후 런닝 어프로치의 요령으로 잔디와 함께 볼을 퍼 옮긴다는 생각으로 치는 방법이다.

어느 쪽이나 꽤 런이 나기 때문에 컵까지의 거리가 있는 경우에 활용할 수 있으나 거리를 맞추기가 상당히 어려우므로 1핀 이내에 붙이면 최선이라고 생각하고 그린 한가운데 올리려는 의도로 하면 좋다.

컵까지의 거리가 짧은 경우는 역시 SW의 날로 치는 것이 거리감을 맞추는데 제일 쉽다. 다만 볼은 처음부터 순회전으로 굴러가기 때문에 퍼터보다 거리가 나는 것은 계산에 미리 넣어 두어야 한다.

겨울철 말라버린 잔디에서의 안전한 타법은

〈 불안한 상태에서 그대로 치기보다는 이런 안전한 방법을 〉

말라버린 잔디에서의 어프로치는 '굴리기'가 제일 안전

겨울철 골프에서 제일 어려운 것이 어프로치라고 자주 이야기되고 있다.

겨울에는 잔디가 말라 있는 것은 물론 그 밑부분의 지면도 오전 중에는 얼어 있는 경우가 많다. 극단적으로 말하면, 얼음 판 위에서 어프로치하는 것이므로 어려운 것이 당연하며 프로 골퍼라도 이 시기의 라운드에서는 미스하는 경우가 있다.

그러므로 겨울철 골프의 어프로치 시, 미스를 적게 하는 타법은 역시 '굴리기'가 기본이다. 타법은 65페이지에서 설명했던 대로이다.

퍼터를 사용해도 물론 괜찮은 것이, 여름철처럼 잔디 결이 강해 어떻게 구를지 알 수 없지를 않고 겨울철엔 잔디가 말라 있어 잔디의 저

▶ 말라버린 잔디에서 퍼터로 굴리는 법

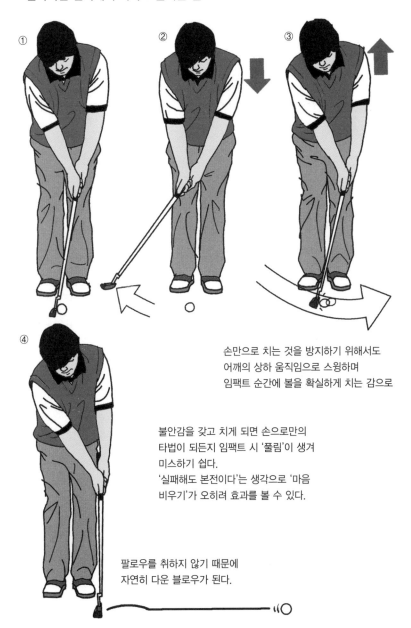

손만으로 치는 것을 방지하기 위해서도
어깨의 상하 움직임으로 스윙하며
임팩트 순간에 볼을 확실하게 치는 감으로

불안감을 갖고 치게 되면 손으로만의
타법이 되든지 임팩트 시 '풀림'이 생겨
미스하기 쉽다.
'실패해도 본전이다'는 생각으로 '마음
비우기'가 오히려 효과를 볼 수 있다.

팔로우를 취하지 않기 때문에
자연히 다운 블로우가 된다.

항이 작아져 볼이 굴러가는 것을 예상하기가 쉬워져 퍼터를 사용할 수 있는 범위가 넓어지기 마련이다.

말라버린 잔디에서의 어프로치가 능숙한 골퍼는 없지만 그렇다고 어렵다는 생각이 지나치게 많으면 손으로만의 타법이 된다든지 임팩트가 풀려 버리든지 하는 미스가 나온다.

동절기 골프의 어프로치에서는 '실패해도 괜찮아'라는 편안한 마음이 중요하다. '실패할지도……' 하는 불안감을 가지면 그대로 되는 것이 바로 골프인 것이다.

어프로치 같은 퍼팅법의 요령

동절기 골프에서 어프로치 시 퍼터를 사용할 경우 문제가 되는 것은 역시 거리감이다. 겨울철에는 어느 정도 잔디의 저항이 작아진다고는 하지만 그린보다는 저항이 크기 때문에 이것을 어떻게 대처해야 할까?

먼저 잔디의 저항에 지지 않기 위해 보통의 퍼팅보다 조금은 다운 블로우로 쳐야 한다. 약간 오픈으로 자세를 잡고 볼은 정중앙보다 오른발에 두고 스윙의 최저점 조금 전에 볼을 쳐야 한다. 손이나 팔의 힘 조절로 볼을 강하게 치려고 하면 스윙의 리듬이 빨라지든지 스윙의 궤도가 벗어나 퍼터의 중심으로 칠 수가 없다든지 하는 여러 미스의 원인이 된다.

오픈 스탠스로 자세를 잡고 볼이 오른발 쪽에 놓여 있기 때문에 여

▶ 이런 이미지로 친다

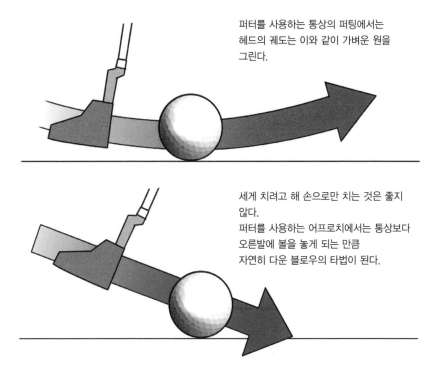

퍼터를 사용하는 통상의 퍼팅에서는 헤드의 궤도는 이와 같이 가벼운 원을 그린다.

세게 치려고 해 손으로만 치는 것은 좋지 않다.
퍼터를 사용하는 어프로치에서는 통상보다 오른발에 볼을 놓게 되는 만큼 자연히 다운 블로우의 타법이 된다.

느 때와 같이 어깨의 상하 움직임으로 스트로크해도 자연적으로 다운 블로우의 형태가 된다. 거리감은 임팩트의 힘 조절이 아닌 어디까지나 스트로크의 스윙 폭(어깨 상하 움직임의 크기)으로 컨트롤해야 한다.

이런 퍼터로 어프로치하는 기술은 물론 여름철에도 사용가능하다.

말라버린 잔디에서 뒤땅을 막아주는
알려지지 않은 비법

〈 '솔을 미끄러뜨리는 것'은 어렵더라도 이 정도는 OK! 〉

뒤땅이 우려되면 힐을 세워서 어프로치한다.

겨울철에는 퍼터로 어프로치하는 것이 효과가 있다고 하지만 볼에서 그린 에지까지 긴 러프가 5야드 정도 계속되거나 지면의 요철이 심하면 퍼터는 사용할 수가 없다.

이런 경우에는 '장애물' 위를 넘기는 방법밖에 없다. 볼 밑에 클럽을 넣을 공간이 있다면 SW의 솔을 미끄러지듯이 치는 피치 앤 런을 시도할 수 있는데 이 'SW의 솔을 미끄러뜨린다'는 타법이 어려운 사람(뒤땅이 날 듯한 사람)에게는 좀 더 안전하고 확실한 방법을 추천한다.

사용할 클럽은 PW로부터 9번~7번 아이언까지로 클럽을 퍼팅할 때와 같은 자세로 스트로크하는 방법이다.

먼저 퍼팅과 같은 그립으로 클럽을 짧게 쥔다. 볼의 위치와 스탠스 폭은 퍼팅 때와 똑같이 한다. 볼을 스탠스의 중앙이나 약간 왼발 쪽으로 놓으면 역시 퍼팅 시와 같은 볼의 위치가 된다.

그리되면 이런 클럽은 퍼터보다 샤프트가 길기 때문에 자연히 힐이 세워지지 않는다. 그래서 지면과 접해 있는 토우 쪽에 볼을 세팅하고 토우의 방향을 스퀘어로 해서 볼을 쳐야 한다.

앞에서 어프로치의 비법은 '클럽과 지면의 접촉부분을 가능한 작게 하는 것'이라고 하였는데 이 타법도 그 중 하나이다. 힐을 세우고 토우로 볼을 치면 클럽과 지면의 접촉부분이 작게 되어 뒤땅 등의 미스가 방지되는 이치이다.

치는 방법은 당연히 퍼터와 똑같다. 손목을 밑으로 향하고 콕을 사용하지 않고 어깨의 상하 움직임으로 스트로크한다. 클럽의 최하점에 볼이 닿는 형태이다.

그렇지만 이 타법은 캐리가 5야드까지가 한계이다. 그 이상 보내려고 하면 토우에 정확히 맞추는 확률이 현저히 떨어져 어이없는 미스가 될 위험성이 크다. 5야드 이상 캐리하려고 하면 후술하는 바와 같이 SW를 사용할 수밖에 없다.

PW로부터 7번 아이언까지 어느 것을 사용할 것인가는 그린 에지부터 컵까지의 거리로 결정된다. 예를 들어 5야드 캐리인 경우 PW라면 런은 5야드, 9번 아이언은 7야드, 8번은 9야드, 7번은 11야드라는 것이 계산되지만 연습 단계에서 자신의 캐리와 런의 공식을 만들어 둘 필요가 있는 것은 말할 필요도 없다.

이 방법은 베어 그라운드 등 라이가 나쁜 장소에서의 어프로치 시에도 사용할 수 있다.

▶ 힐을 세우고 치는 법

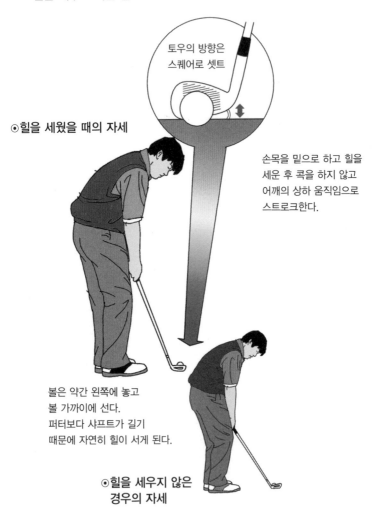

토우의 방향은
스퀘어로 셋트

⊙힐을 세웠을 때의 자세

손목을 밑으로 하고 힐을
세운 후 콕을 하지 않고
어깨의 상하 움직임으로
스트로크한다.

볼은 약간 왼쪽에 놓고
볼 가까이에 선다.
퍼터보다 샤프트가 길기
때문에 자연히 힐이 서게 된다.

⊙힐을 세우지 않은
경우의 자세

말라버린 잔디에서 SW로 뒤땅 치지 않는 숨은 비법

다음은, 컵에 붙이기 위해서는 5야드 이상의 캐리가 필요한 경우의 타법이다.

이런 경우는 SW를 사용할 수밖에 없다. 타법은 91페이지서 소개했던 '솔을 미끄러뜨리면 뒤땅이 없어진다'와 기본적으로 다르지 않다.

다만 상대가 겨울철의 말라버린 잔디이기 때문에 약간의 다른 점은 있다. 조금 어렵기는 하지만 이 기술을 자신의 것으로 만들어 두면 굉장히 큰 무기가 된다. 반드시 연습을 반복해 마스터해 두기 바란다.

1. 요령은, 절대 뒤땅을 치지 않기 위해 볼을 극단적으로 우측에 놓는다. 보통의 피치샷에서 볼을 양발의 중앙에 놓는 사람은 오른 발가락 선상에, 오른 발가락 선상에 놓는 사람은 볼 1~2개 정도 더 우측에 놓는다.

2. 스탠스의 방향은 왼쪽 비스듬히 45도로 왼발에 체중을 두고 핸드 퍼스트의 자세를 취한다. 이 셋업에서 오른쪽에 놓인 볼에 클럽을 맞추도록 연습시에는 물론 실제 라운드에서도 몇 번이나 연습스윙을 하여 볼이 맞는 지점을 확인해 두어야 한다.

3. 테이크 백에서 손목이 꺾이면 바로 그곳이 톱의 위치이다.

4. 그곳에서부터 손목의 꺾임을 풀어주면서 어드레스의 자세로 돌아온 지점이 바로 임팩트.

톱에서의 그립 위치는 오른쪽 무릎 위부터 대개 오른쪽 허리까지의 높이로 어깨를 돌린다는 의식은 필요없다(콕킹에 의해 자연히 돌아간다). 스윙 중에는 계속해서 왼발에 체중을 놓아 두고 볼은 오른쪽에 있기 때문에 팔로우를 취하려는 생각도 필요없다.

주지하다시피 아주 콤팩트하다고 할까, 콕킹으로만 친다고 할까, 거의 '손으로만 치는 타법'에 가깝지만 이 타법은 몸의 움직임을 최소한으로 억제함으로써 뒤땅을 치는 일이 없도록 한다고 할 수 있다.

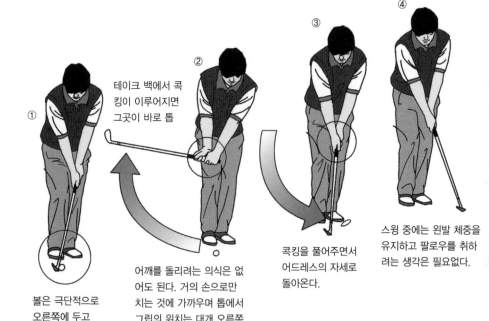

① 볼은 극단적으로 오른쪽에 두고 스탠스의 방향은 좌경사 45도

테이크 백에서 콕킹이 이루어지면 그곳이 바로 톱

② 어깨를 돌리려는 의식은 없어도 된다. 거의 손으로만 치는 것에 가까우며 톱에서 그립의 위치는 대개 오른쪽 무릎부터 오른쪽 허리 높이까지이다.

③ 콕킹을 풀어주면서 어드레스의 자세로 돌아온다.

④ 스윙 중에는 왼발 체중을 유지하고 팔로우를 취하려는 생각은 필요없다.

또한 이 타법에서의 캐리는 톱을 오른쪽 허리까지 했을 때 20야드 정도가 상한이 된다.

겨울철 러프에서는 반드시 솔을 미끄러뜨린다.

겨울철 골프의 어프로치 시 볼이 페어웨이에 놓인 경우보다 러프에 있는 경우가 더 좋다고 하는 골퍼가 적지 않다.

말라버린 잔디로 낮게 깔린 페어웨이보다 여름처럼 세지 않고 오히려 잔디의 높이가 두터운 러프에서 더 치기 쉽기 때문이다.

이건 분명 맞는 말이기도 하다. 여름철의 러프는 물기가 많아 끈적거림이 강해 헤드의 빠짐이 어려워지지만 겨울철 러프는 말라 있기 때문에 물기도 끈적임도 없다. 다소 러프에 묻혀 있더라도 볼과 지면에 클럽이 들어갈 공간 정도만 있으면 비교적 간단하게 클럽의 솔을 미끄러 넣을 수가 있게 된다.

치는 방법은 91페이지에서 소개했던 대로 볼 조금 앞부터 솔을 미끄러뜨리는 것을 위해 볼 몇 cm 앞에 클럽을 세팅하면 좋다. 물론 그 지점을 목표로 예각으로 클럽을 넣으면 대개 뒤땅이 되나 페이스를 열고 몸의 회전으로 치면 정확하게 솔이 미끄러져 볼을 목적하는 장소까지 보내주게 된다.

▶ 겨울철 러프에서 치는 법

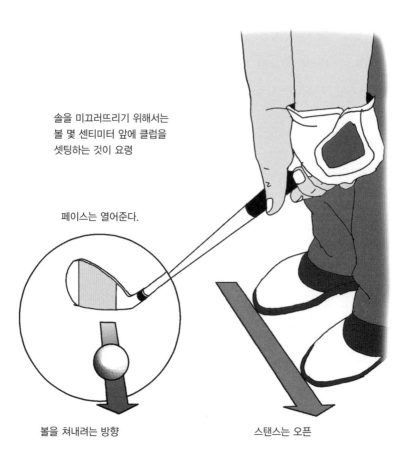

솔을 미끄러뜨리기 위해서는
볼 몇 센티미터 앞에 클럽을
셋팅하는 것이 요령

페이스는 열어준다.

볼을 쳐내려는 방향

스탠스는 오픈

4장

이 정도는 문제없어-

경사지에서 강해지는
실천적 기법

'연습장 싱글'이라는 말이 있다. 연습 때는 곧잘 하다가도 실전만 임하면 약해지는 사람이다. 이런 현상의 최대 이유로는 발이 놓이는 경사 때문이다. 왼발 오르막/내리막, 발끝 오르막/내리막, 이의 복합형태……. 경사에 따른 자세와 치는 방법의 '공식'을 알게되면 연습 때 갈고 닦은 스윙이 살아날 수가 있게 된다.

경사면에서 어프로치를 실수하는
진짜 이유

〈 '연습장과 같은 식'으로 치고 있지는 않은가? 〉

연습시에는 좋은 감으로 어프로치가 되는데 실제 라운드에서는 뒤땅이나 탑볼이 나버리고 만다…….

연습 매트와 잔디의 차이, 심리적 압박감의 유무 등 실제 라운드에서 실수하는 이유는 여러 가지가 있지만 좀 더 큰 원인으로, 많은 에버리지 골퍼들은 경사지에서의 타법을 모른다는 점이다. 실제 라운드에서는 평탄한 장소에서 어프로치할 수 있는 경우가 거의 없음에도 불구하고 어느 연습장이나 평탄한 곳에서 타격 연습을 하고 있어 미스가 나지 않는 것이 오히려 이상하다 할 정도이다.

어프로치란 것은 그린을 벗어났을 때 하는 샷이다. 예를 들면 포대 그린의 경우 그린 주변은 오르막, 즉 왼발 오르막의 경우가 많이 있으며 반대로 그린을 오버하면 이번엔 내리막, 즉 왼발 내리막의 라이가 되는 경우가 많이 있다.

거기다 실제 상황에서는 왼발 오르막에다 발끝 오르막의 복합적인 경사에 볼이 있는 경우가 많은 것이 골프이다. 그린 주위가 평탄한 코스는 눈 씻고 찾아보아도 없다.

그렇다고 평탄한 라이에서의 어프로치 연습이 전혀 의미가 없다고는 할 수 없다. 평탄한 라이에서 정확히 치지 못하는 골퍼가 복잡한 경사에서 정확하게 칠 수는 없으며 어디까지나 평탄한 라이에서의 연습은 모든 어프로치의 기본이 되는 셈이다.

그럼 이 기본은 어떻게 응용할 수 있을 것인가? 이 점에 발상전환을 한 번 해보도록 하자.

왜, 당신은 평탄한 장소에서의 어프로치는 잘 할 수 있는가, 이 '본질적인 이유'를 생각해 보기 바란다. 이것을 알 수 있게 된다면 경사지에서도 평탄한 곳과 같이 잘 칠 수 있게 되는 것이 가능해질 터이다.

그 첫 번째 이유로, 평탄한 곳이라면 특별히 의식하지 않아도 클럽을 목표 라인에 대해서 똑바로 움직이게 할 수 있기 때문이다. 달리 말하자면 평탄한 곳에서는 의식하지 않아도 지면에 평행하게 클럽을 휘두를 수가 있다는 점이다.

그런데 경사가 지는 순간 바로 지면과 연계된 스윙이 어려워지게 된다. 예를 들면 왼발 오르막 라이에서 평소와 같이 클럽을 휘두르면 임팩트 후 바로 헤드가 지면과 충돌해 버려 헤드를 빼 줄 수가 없게 되어 버리며, 왼발 내리막 라이라면 이번엔 볼 바로 앞에 클럽이 들어가게 되어 뒤땅이 되어 버린다.

이런 것들은 둘 다 경사에 따라 클럽을 휘두르지 못하는 데서 오는 미스이다. 경사지에서의 바른 클럽 헤드의 궤도는, 왼발 오르막이라면 '밑에서 위로', 왼발 내리막에서는 '위에서 아래로'의 궤도가 되어야 하는데 이것이 바로 '경사에 따라 클럽을 휘두른다'는 것이다.

두 번째 이유는, 평탄한 곳에서는 스탠스와 페이스의 방향이 의식하지 않아도 자연이 정해지기 때문이다. 볼이란 반드시 임팩트 시의 페이스 방향으로 날아가는데 평탄한 곳에서는 페이스의 방향을 목표와 맞추기가 쉽다. 그래서 원하는 방향으로 볼을 보낼 수가 있게 된다.

그런데 경사지에서 경사에 따라 클럽을 스윙하기 위해서는 그 나름대로의 자세, 즉 스탠스와 페이스의 방향을 맞추지 않으면 안 되게 되어 있다.

왼발 오르막이라면 전술했다시피 클럽 헤드는 '아래에서 위로'란 움직임이 되어야 하는데 이것이 부드럽게 되기 위해서는 어떤 형태의 자세가 좋을까?

거기다 경사에 따른 스윙이 쉬운 자세가 되었다고 해도 이번엔 어떻게 페이스를 맞춰야 원하는 방향으로 볼을 칠 수 있을 것인가? 이 두 가지를 알지 못한다면 경사지에서의 어프로치를 성공할 수가 없다.

세 번째 이유로는, 평탄한 곳에서는 체중이동이 부드럽게 되는데 경사지에서는 그것이 어려운 까닭이다. 그렇기 때문에 경사지에서 체중이동을 하려고 하면 대부분 밸런스가 무너져 미스샷의 원인이 된

▶ 무리하게 '휘두르기' 때문에 미스가 된다.

발바닥의 상태가 불안정한 상황에서
체중이동까지 하면서 스윙을 하게 되면
볼은 원하는 대로 날아가지 않는 것이
당연하다.

경사에 따라 자연스럽게 서서, 발의 위치와
하반신의 체중 밸런스를 정했다면
이것을 유지한 채로 몸을 회전시켜 쳐 준다.
클럽을 셋팅한 그대로 조금도 차이가 나지 않게
되돌린다는 의식을 갖고 몸을 돌려준다.

다. 어프로치의 경우, 멀리 보낼 필요가 없기 때문에 평탄한 라이에서도 체중이동은 거의 필요가 없다. 더군다나 경사지에서의 샷이라면 스윙 중에는 절대로 체중이동을 하지 말아야 한다.

꼭 기억해 두어야 할 경사지에서의
어프로치 '공식'

〈 경사에 따른 샷으로 놀랄 만큼 정확하게! 〉

그러면 경사지별 '바른 스탠스와 페이스의 방향'은 어떤 것인가? 예를 들어 왼발 오르막의 경우를 생각해 보자.

실제 왼발 오르막 경사에서의 어프로치 연습스윙을 해보면 알겠지만(머릿속에 상상해도 좋다), 경사에 맞춰 보다 부드럽게 클럽을 휘두를 수 있는, 즉 헤드를 '밑에서 위로' 움직이게 하기 쉬운 편은 목표보다 조금 우측을 향했을 때이다. 우측으로 향했을 때 경사의 각도가 완만해지기 때문에 헤드를 무턱대고 내지르지 않을 수 있게 된다.

그런데 스탠스를 우측으로 향하게 했는데 페이스의 방향도 우측이면 볼은 당연히 우측으로 날아가 버린다. 여기서는 페이스를 약간 좌로 향하게 한다(닫는다). 페이스를 좌로 향하게 했다고 해도 몸의 방향에 대해서만 그렇다는 것이지 실제 페이스(리딩 에지)는 목표를 향하여 있다.

스탠스를 우측으로 향하게 하고 페이스를 닫는다는 것은 바로 훅의 타법이다. 다시 말해 왼발 오르막에서는 훅의 이미지(인사이드 아웃의 궤도)로 어프로치하는 것이 정답이라는 얘기이다.

아래에 '경사에 따른 스탠스와 페이스의 방향'을 살펴보면 다음 표와 같이 된다.

경사	스탠스의 방향	페이스의 방향	구질의 이미지
왼발 오르막	클로스(우)	닫는다	훅
왼발 내리막	오픈 (좌)	연다	슬라이스
발끝 오르막	오픈 (좌)	연다	슬라이스
발끝 내리막	클로스(우)	닫는다	훅

그렇지만 이것은 어디까지나 원칙일 뿐, 완전히 역의 경우도 있다. 예를 들면 왼발 오르막에서 벙커를 넘겨야 하거나 컵이 그린 앞쪽에 있을 경우 등 볼을 높이 띄워 세우고 싶을 때는 자세와 페이스 모두를 오픈으로 하는 편이 좋으며, 경사가 급해 클로즈로 자세를 잡으면 오른 무릎이 스윙에 방해가 된 경우도 역시 오픈 자세가 좋다.

왼발 내리막의 경우도, 원바운드로 그린에 올릴 경우 등 낮고 강한 구질을 치고 싶을 때는 클로스로 자세를 잡고 페이스를 닫는 편이 좋다.

발끝 오르막에서도 예외가 있는데, 이런 라인에서 역회전이 걸리

▶ 경사와 자세를 잡는 방법의 공식

◉ 왼발 내리막의 경사에서는……

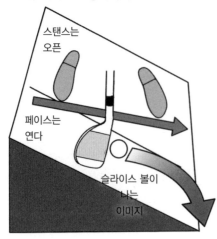

스탠스는
오픈

페이스는
연다

슬라이스 볼이
나는
이미지

◉ 왼발 오르막 경사에서는……

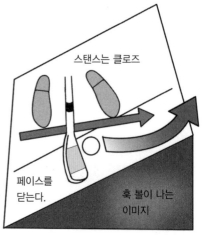

스탠스는 클로즈

페이스를
닫는다.

훅 볼이 나는
이미지

◉ 발끝 내리막의 경사에서는……

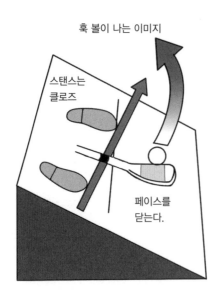

훅 볼이 나는 이미지

스탠스는
클로즈

페이스를
닫는다.

◉ 발끝 오르막의 경사에서는……

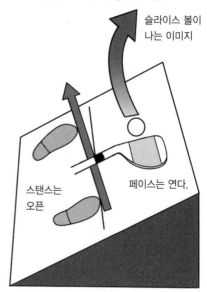

슬라이스 볼이
나는 이미지

스탠스는
오픈

페이스는 연다.

기 쉬운 사람은 그 정도를 감안해 클로즈로 어드레스하고 페이스를 약간 닫는 듯한 편이 좋다.

발끝 내리막의 경우도 원래부터 슬라이스가 나기 쉬운 라인이므로 오픈으로 어드레스하고 페이스를 연 쪽이 좋은 경우도 있다.

이와 같이 경사와 자세에 관한 '공식'은 어프로치와 보통의 샷과는 다른 경우가 있으므로 '이것 밖에는 없다'라는 단정을 하지 않는 것이 좋다. 다만 스탠스나 페이스의 방향에 따라 어떤 볼이 나올 것인가 하는 원리는 변함이 없으므로 이것만은 기억해 두어야 한다. 원리를 알고 있으면 실제 라운드에서 얼마든지 응용이 가능해진다.

어프로치에서는 골퍼의 이미지네이션(상상력)을 시험할 수 있다고 자주 말하는데 무엇보다 원리를 알고 있다면 누구라도 여러 가지 어프로치의 방법을 상상해 낼 수가 있다.

다만 상상하는 것과 이것을 정확히 해내는 것과는 별개의 것이므로 정확히 구사해내기 위해서는 결국 연습을 거듭하여 몇 번이고 실전에서 시도해 보는 수밖에 없다.

왼발 오르막, 왼발 내리막 라이에서의
바른 타법

〈 과학적으로 생각하면 이해도 되고 잘 칠 수 있다 〉

왼발 오르막에서 볼을 띄워 올리려고 하지 마라.

일본의 코스는 그린 앞쪽에서부터 오르막이 되는 그린이 많이 있다. 이런 곳에서는 에버리지 골퍼의 대부분이 샷이 짧아지기 쉬워 그 결과 왼발 오르막의 어프로치가 남는 경우가 많다.

왼발 오르막 라이의 어프로치에서 가장 많은 미스가 볼을 띄우려다 뒤땅이 된다든지, 탑볼이 되고 마는 경우이다. 왼발 오르막 라이에서 경사에 따라 클럽을 휘두르면 클럽의 로프트가 실제 이상으로 커져 볼은 무리하게 띄우려고 하지 않아도 자연히 떠오른다.

그 결과 왼발 오르막 라이에서는 생각보다 캐리가 나지 않아 짧아 버리는 경우가 많이 생긴다. 그래서 이런 라이에서는 스윙 폭을 크게 하거나 SW보다는 AW나 PW 등 로프트가 작은 클럽을 사용하는 편이 런이 나오는 것을 감안해 거리감을 맞추기가 쉬워진다. 146페이지의 '공식'에서 '왼발 오르막에서는 우측을 향하고 페이스를 닫는다'고 설명한 것은 볼을 띄우려고 하지 않는 한편, 거리감을 맞출 수가 있기 때문이다.

▶ 왼발 오르막 경사에서의 타법

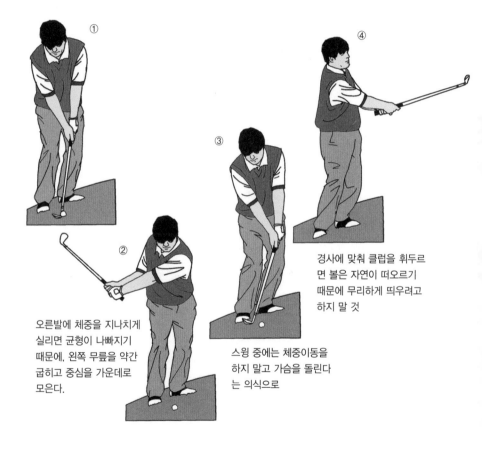

오른발에 체중을 지나치게 실리면 균형이 나빠지기 때문에, 왼쪽 무릎을 약간 굽히고 중심을 가운데로 모은다.

스윙 중에는 체중이동을 하지 말고 가슴을 돌린다는 의식으로

경사에 맞춰 클럽을 휘두르면 볼은 자연이 떠오르기 때문에 무리하게 띄우려고 하지 말 것

또 이런 라이에서는 왼발 오르막인 만큼 자연히 오른발에 체중이 실리나 오른발에 체중을 지나치게 두면 오히려 스윙 밸런스가 무너지기 쉽다. 여기서는 왼쪽 무릎을 조금 굽히고 중심을 약간만 가운데로 모으면 좌우 균형을 잘 잡을 수 있다.

어프로치에서는 스윙 중 체중이동은 가능한 하지 않는 것이 비결이다. 하반신은 거의 움직이지 말고 가슴을 돌린다는 의식으로 스윙하면 된다.

왼발 내리막에서는 왼발에 체중을 두고 팔로우를 낮고 길게 해준다.

왼발 내리막은 에버리지 골퍼가 가장 어려워하는 라이의 하나이다. 어려워하는 데는 그럴 만한 이유가 있다.

왼발 내리막 어프로치는 포대 그린의 뒤편에 볼이 떨어진 경우가 많다. 즉, 그린은 볼보다 아래에 있고 더구나 그 그린도 컵까지가 내리막 경사로 되어 있는 상황이다.

이런 '볼을 멈추게 하기가 어려운' 상황에서는 누구라도 볼을 살짝 띄우고 싶게 된다. 그래서 페이스를 열고 건져 올리는 듯한 타법을 하고 말지만 왼발 내리막 라이에서 이렇게 치면 완전히 경사에 거스르는 타법이 되고 말아 결과는 십중팔구 탑볼이 나고 만다. 또 건져 올리는 타법이 아니고 보통의 타법이더라도 이번엔 볼 앞면의 지면이 높기 때문에 뒤땅의 경우가 많이 생긴다.

우선 경사에 따른 자세를 취하기 위해서는,

▶ 왼발 내리막 경사에서의 타법

① 왼발 체중에 어깨가 경사와 평행이
되도록 자세를 잡는다.
볼의 위치는 오른발에 둔다.
클럽 페이스는 조금 연다.

② 왼발에 체중을 둔 채,
클럽을 똑바로 들어올
린다.

③

팔로우에서 페이스를
돌리지 말고 낮고 길게
내어주는 이미지로

솔을 미끄러뜨리는 이미지로,
페이스는 돌아가지 않도록
클럽을 내려준다.

151

1. 왼발에 체중을 두고 어깨가 경사와 평행이 되도록 자세를 잡는다. 필연적으로 축은 약간 왼쪽으로 기울어지게 된다.
2. 볼의 위치는 뒤땅이 나지 않도록 왼발에 둔다.
3. 클럽 페이스를 조금 열고 왼발에 체중을 둔 상태에서 클럽을 똑바로 들어 올려 솔을 미끄러뜨리는 이미지로 아래로 휘두른다. 이때 클럽을 인사이드로 끌어당겨 버리면 이로 인해 체중이 오른쪽으로 이동해 뒤땅이 나기 쉽기 때문에 주의해야 한다.

포인트는 팔로우 스루에서 볼을 띄우려고 페이스를 들어 올리려는 동작을 하지 않아야 하며 낮고 길게 밀어주는 이미지로 휘둘러 주어야 한다. 이때 페이스가 돌아가지 않게 하면 볼에 회전이 걸려 내리막 경사더라도 그다지 런이 나지 않는다.

페이스가 돌아가 버리면 회전이 걸리지 않을 뿐만 아니라 클럽의 로프트가 줄어들어 더더구나 볼이 뜨지를 않게 되어 핀을 아주 오버해 버리는 일이 많기 때문에 주의해야 한다.

왼발 내리막 라이에서는 오픈 자세가 보통이지만 극단적인 왼발 내리막에서는 백스윙 시 오른쪽 무릎이 방해가 되는 경우가 있다. 이런 때에는 오른발을 당긴 자세를 해야만 하며 이 항에서 설명한 대로 스윙을 하면 슬라이스 구질이 된다.

발끝 오르막, 발끝 내리막
라이에서의 바른 타법

〈 좋지 않은 라이에서 더군다나 체중이동까지 하고 있지는 않은가? 〉

발끝 오르막에서는 우측을 향하고 훅으로 붙인다.

발끝 오르막 라이에서는 아무래도 횡으로 스윙이 되기 때문에 훅이 나기 쉽다는 것은 다 잘 알고 있을 터이다. 이것은 어프로치에서도 마찬가지이다. 아니 오히려 어프로치는 SW와 같은 로프트가 큰 클럽을 사용하기 때문에 더욱더 헤드가 돌아 훅이 되기 쉬워진다.

그렇기 때문에 훅(극단적인 경우 끌어당김)이 싫어 볼을 커트로 치려고 하는 사람이 많은데 대단히 위험한 일이다. 볼을 커트로 치려고 하면 아무래도 클럽을 높은 곳에서 내리 휘두르는 동작이 되어 뒤땅의 가능성이 커지게 된다. 또한 커트로 치려고 하면 클럽을 인사이드로 휘둘러 주게 되어 볼과 닿았을 때 더욱 훅이 되어 버린다.

발끝 오르막 라이에서는 무리하게 볼을 커트하려고 하지 말고 경사에 따른 구질, 즉 이 경우에는 훅으로 컵에 붙이도록 한다.

타법은 먼저 클럽을 짧게 쥐는데 이것은 발끝 오르막 정도만큼 볼이 몸(눈)에 가까운 곳에 있기 때문에 당연한 것이다. 그리고는 훅이 난다는 것을 생각해서 목표보다 약간 오른쪽을 향해 스탠스를 취한다. 다음은 뒤땅이 되지 않도록 볼을 오른쪽에 두고 경사에 거스르지 않게 스탠스의 방향에 따라 클럽을 들었다 내려준다. 스탠스는 목표의 우측을 향해 있기 때문에 스윙 궤도 이미지는 인사이드 아웃이 된다.

발끝 오르막 라이에서 평상시의 자세를 취하면 발뒤꿈치에 체중이 가지만 무릎을 구부리면 중심이 몸의 중심으로 이동해 균형이 잘 잡힌다. 다만, 발끝 쪽에 체중을 지나치게 두면 커트 타법이 되기 쉽기 때문에 주의해야 한다. 체중을 조금만 뒤꿈치에 두고 스윙 중에는 체중이동을 하지 않도록 한다.

발끝 내리막에서는 무릎의 각도를 유지한다.

발끝 내리막에서는 발끝 오르막과는 반대로 클럽 페이스가 열리기 쉽기 때문에 슬라이스가 나기 쉽다. 그러나 이미 아시다시피 발끝 내리막에서도 경사나 경사에 따른 자연스런 구질은 다르지가 않다. 즉, 이 경우는 목표의 좌측을 향해 커트 구질의 볼을 쳐서 컵에 붙여야 한다.

발끝 내리막의 경우는 몸이 회전하기 어려워 특히 자세를 잡는 방법이 중요하다. 먼저 볼과 몸(눈)의 거리가 멀기 때문에 평소보다 무

▶ 발끝 오르막 경사에서의 타법

① 무릎을 구부리면 무게 중심이 몸 가운데로 와 밸런스가 좋아진다.

클럽을 짧게 쥔다.

② 경사에 거스르지 않게 치면 훅성의 볼이 되기 때문에 이것을 생각해 약간 우측을 향해 스탠스를 취한다.

③ 스윙 궤도는 인사이드 아웃의 이미지로

④ 무리하게 커트로 치려고 하지 말고 경사에 따라 클럽을 휘두른다.

▶ 발끝 내리막 경사에서의 타법

①

엉덩이를 뒤로 뺀
자세로 스탠스는
오픈으로 다소 좁게
핸드다운의 느낌으로
자세를 잡는다.

②

스윙 궤도는 아웃
사이드 인의 커트 타법
이미지로

③

몸을 돌리기가 어렵기
때문에 피니쉬까지
처음의 자세를 유지하는
것이 중요

④

릎을 많이 굽히고 엉덩이를 뒤로 빼는 자세를 취한다. 스탠스는 오픈으로 폭은 몸이 잘 돌아갈 수 있도록 좁게 한다. 체중은 발끝에 두고 가능한 평탄한 라이와 같은 이미지로 다가가도록 한다.

또한 손과 클럽의 간격이 너무 벌어지게 되면 헤드의 토우 부분이 내려가기 때문에 볼은 더욱더 우측으로 나가기 쉽다. 무릎을 구부리고 핸드다운(손의 위치를 낮춘다)의 자세를 취하면 페이스 방향도 벗어나지 않게 된다.

이상의 자세가 되었다면 그 다음은 스탠스의 방향에 따라 클럽을 휘두르도록 한다. 오픈 스탠스로 자세를 취했기 때문에 스윙 궤도의 이미지는 아웃사이드 인의 커트 타법이 좋다. 반대로 인사이드로부터 클럽을 내리려고 하면 볼 앞을 때리는 뒤땅이 되거나 페이스가 너무 열려 생크가 나는 경우도 있다.

단지 발끝 내리막의 경사가 심한 경우에는 구부린 우측 무릎이 스윙 시 방해가 되는 경우도 있어 이 경우에는 오른발을 당겨 클로스로 자세를 잡고 훅의 이미지로 붙인다.

발끝 내리막에서는 발끝에 체중이 가기 때문에 다운스윙 시 상체가 앞으로 쏠린다든지 아무래도 균형이 무너지기 쉽다. 스윙 중에는 중심과 축을 유지하기 위해 신경 써야 한다. 하반신을 묵직하게 하고 몸을 너무 쓰지 않도록 하는 것이 성공의 비결이다.

왼발 내리막에 발끝 오르막인
복합 라이에서의 타법

〈 경사에 거스르며 무리하게 스윙하기 때문에 미스가 난다! 〉

지금까지 왼발 오르막, 왼발 내리막, 발끝 오르막, 발끝 내리막 4
종류의 경사에서의 어프로치에 관해 논했는데 실제의 코스는 '왼발
내리막이며 발끝 오르막'과 같은 2종류의 경사가 혼합해 있는 라이에
서 치지 않으면 안 되는 경우가 많이 있다.

기본적으로는 아무리 복잡한 경사라도 경사에 거스르지 않는 자세
로, 경사에 따라서 클럽을 휘두르면 되는 것이다. 또한 연습스윙을
하면서 클럽 헤드가 어느 방향으로 움직이는가(볼이 어디로 날아가는
가)를 확인하면 자연히 목표에 접근하는 방법도 결정되어진다.

다만 그러기 위해서는 어떻게 자세를 취할 것인가를 모르는 사람
이 많이 있기 때문에 기본적인 자세를 취하는 법을 설명하고자 한다.

먼저 복합 라이에서는 왼발이 오르막이든지 내리막이든지 간에 좌

우의 경사에 기본적인 자세, 즉 사면에 따라 어깨가 평행이 되도록 자세를 잡는다. 그러면 자동적으로 오른발 체중이 될 것인지 왼발 체중이 될 것인지가 결정된다. 그리고서는 발끝 경사에 대응하는 자세나 타법을 가미하는 방법이다.

예를 들어 '왼발 내리막에 발끝 오르막'과 같은 라이라면 먼저, 왼발 내리막에 대응하는 자세를 만들고 다음은 발끝 오르막에 대응할 수 있는 자세와 타법을 조정한다.

구체적으로는 먼저 왼발에 체중(약간 뒤꿈치에)을 두고 어깨가 경사와 평행이 되도록 자세하고 볼의 위치는 뒤땅이 나지 않도록 오른발 끝보다 조금 더 우측에 놓는다. 다만 발끝 오르막만큼 몸에 가까이 있는 볼이기에 그만큼 클럽을 짧게 쥔다.

발끝 오르막에서는 핀의 오른쪽에 목표를 정하지만 왼발 내리막 라이에서는 볼이 오른쪽으로 나가기 쉬우므로 이 경우는 그 정도만큼 우측으로 향하지 않아도 괜찮다.

스윙은 왼발 내리막의 타법과 동일하여 클럽 페이스를 조금 열고 왼발에 체중을 놓은 채로 클럽을 경사에 맞춰 똑바로 올리고 솔을 미끄러뜨리는 이미지로 아래로 휘두르면 된다.

또 하나, 이번엔 '왼발 오르막에 발끝 내리막'의 라이인 경우이다. 먼저 왼발 오르막에 대응하기 위해 오른발에 체중(약간 발끝에)을 두고 어깨를 경사와 평행이 되게 한다. 이 경우 발끝 내리막을 계산해야 하므로 오픈의 자세를 취해야 하는 것이 포인트이다. 이렇게 함으로

▶ '왼발 내리막'에 '발끝 오르막' 시의 타법

왼발 체중
(약간 뒤꿈치에)

볼은 우측에 두고
클럽은 짧게 쥔다.

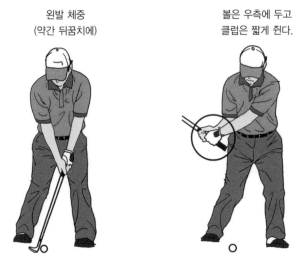

거리가 많이 날 수 있도록 스탠스는 넓게 잡는다.

클럽은 경사에 따라 똑바로 곧게 올려주고 솔은 미끄러지듯이 내려준다.

써 발끝 내리막의 상황이 많이 해소되고 왼발 오르막에 가까운 스윙이 가능해진다.

이와 같이 복합 라이에서는 어드레스 방법 하나로 발끝 경사가 상쇄되는 경우가 많다. 이런 것은 연습장에서는 좀처럼 경험할 수 없는 상황이다. 코스에 나갔을 때, 실제 상황이 아니더라도 여러 가지 경사에서 연습스윙을 함으로써 이런 것을 실감할 수 있기를 바란다.

5장

겁내지 않고 자신있게−

벙커에서 공격적 샷을 하는
놀라운 비결

'벙커에서 무너져 버렸어'라고 하는 당신.
혹시 '모래를 폭발시키듯 친다'는 말을 오해하고 있지는 않은지?
벙커 공포증이 있는 사람에게 이런 말을 드리고 싶다.
'벙커샷은 특별한 샷이 아니다.'
이 장을 읽으면 이것을 알 수 있게 될 것이다.

당신이 벙커샷에 서툰 이유

〈 너무 지나친 '모래에 관한 생각' 때문에 잘못된 것은 아닌지? 〉

미스의 최대 요인은 모래에 대한 공포심

핀을 향하여 날아가던 볼의 속도가 떨어져 그린 앞의 벙커에 들어갈 듯하면 우리들은 무심코 '좀 더!' 하고 소리를 지르기도 하고 혹은 뒤땅이 나와 잘못 맞은 볼이 내리막 경사를 굴러 내려가 그린 앞 벙커에 들어가려고 하면 이번엔 '멈춰!' 하고 소리를 지르곤 한다.

어차피 그린에 올리지 못할 볼이라면 '벙커에만은 들어가지 마!' 하고 누구나가 말할 만큼 볼이 벙커에 들어가는 것을 골퍼들은 싫어한다.

그 이유는 단 하나로 골퍼들이 벙커샷에 서툴기 때문이다. 좀 더 정확히 말하자면 벙커샷의 성공률이 그린 주위의 다른 모든 어프로치의 성공률보다도 낮다는 것을 알고 있기 때문이다.

사실 이것은 프로 골퍼들에게도 마찬가지로 프로라 하더라도 벙커 샷은 다른 어떤 어프로치보다 어려운 것이 사실이다.

2008년 일본 프로 골퍼의 샌드 세이브율(그린 사이드의 벙커에서 2타나 그 이내의 타수로 컵인한 확률)을 살펴보면, 1위가 61.95%인데 전에 소개했던 리커버율의 톱인 72.71%와 비교하면 10% 이상이나 낮게 나와 있다. 평균이라 할 수 있는 50위 선수끼리 비교하더라도 샌드 세이브율은 50위가 45.1%, 리커버율은 50위가 58.18%로 역시 10% 이상의 차이가 있다. 리커버율는 벙커샷을 포함하고 있기 때문에 만약 리커버율에 벙커샷을 포함하지 않는다면 리커버율의 수치가 좀더 좋아지는 것은 말할 필요도 없다. 보통의 어프로치와 벙커샷의 난이도의 차를 좀 더 확실히 알 수 있게 되는 비교이다.

프로에게 난이도가 높은 기술이 아마추어에게는 초고난도의 기술이 되는 것은 당연하며 우리들이 벙커샷을 싫어하는 것은 두말할 필요없는 사실이다.

지금까지의 골프 인생에서 벙커를 탈출하는데 2타나 3타를 허비한 적이 누구에게나 여러 번 있다.

초보자의 딱지를 떼고 웬만하다고 할 수 있을 정도가 되었어도 어느 날 또 '벙커 탈출에 2타 이상을 까먹었어' 하는 날은 반드시 있으며 이런 것들이 다시 '벙커 공포심'을 불러일으키게 만든다.

냉정히 생각해보면, 러프에서의 어프로치샷도 지금까지 몇 번이고 뒤땅을 치고 있음에도 불구하고 유독 '벙커샷은 잘 할 수가 없어'라는 생각에 사로잡혀 버리고 마는 것은 같은 벙커에서 몇 번이고 치지 않으면 안 되었던 굴욕의 과거가 자꾸 현실의 사건으로 재현되기 때문에 더 그런 것 같다.

이리하여 자꾸 반복되어지는 벙커샷의 실패는 마침내는 골퍼에게 트라우마가 되며 이것이 '또 다른 실패'를 불러오는 마중물이 되는 그야말로 '악마의 사이클'이라고 할 수밖에 없는 지경에 이르게 된다.

▶ 악마의 사이클에서 벗어나기 위해서는

힘을 주어 실패 → 공포 → 불안하며 쳐 실패 → 더욱더 공포심 → 치는 방법이 생각나지 않음……. 이런 악순환으로부터 벗어나기 위해서는 '힘주지 말고'라는 것에만 신경 쓰면 좋다.

그러면 이런 악순환을 끊어버리기 위해서 어떡하면 좋을까?

안 된다는 의식을 극복하기 위해서는 성공체험을 축적하여 자신을 갖는 수밖에 없지만 여기서는 먼저 '공포심을 없애자'란 말을 크게 외쳐보고 싶다.

특별히 힘이 약한 여성골퍼에게 흔히 있는 일이지만, 벙커샷이 서투른 골퍼는 애당초 '모래 위에서 볼을 친다'는 것 자체를 무서워한다. '푹신푹신한 잔디 위에서라면 모를까, 까칠까칠한 모래에서 친다는 것, 그런 거칠은 샷은 난 할 수 없어'라고 여겨 버린다.

그러나 엄청나게 잘못된 생각이다. 상대는 콘크리트도 아니며 딱딱하게 뭉친 흙도 아니다. 그건 페어웨이의 잔디 위에서보다는 저항이 있겠지만 벙커의 모래는 젖은 러프 등 보다 훨씬 저항이 적기 때문에 클럽을 휘두를 힘이 있는 사람, 즉 보통의 골프가 가능한 사람이라면 벙커샷은 누구라도 정확히 칠 수가 있다. 벙커샷이 숙달된 프로 골퍼 중에는 그린을 노릴 수 없게 된 경우 러프에 들어가는 것보다 일부러 벙커를 노리는 사람도 있을 정도이다.

사실 모래 위에서 치는 것을 두려워하는 골퍼는 스윙 시 주저함이 있기 때문에 반드시 임팩트 단계에서 스윙이 감속되어 버린다. 클럽 헤드가 임팩트 전에 감속되게 되면 볼이 벙커에서 빠져나갈 수 없는 것이 당연하다.

이미 얘기했다시피 골프의 모든 샷은 가속되어지면서 임팩트를 하지 않으면 안 되며 벙커샷도 마찬가지이다. 더더욱 벙커샷은 힘차게 휘둘러 주어 헤드를 가속시켜야 하며 이것이 벙커에서 탈출의 첫걸음인 셈이다.

자주 '벙커샷은 용기를 가지고'라고 말한다. 확실히 벙커샷에 공포를 느끼는 골퍼에게 '용기'는 필요할지 모르지만 '용기'를 지나치게 의식하면 이번엔 너무 힘이 들어가게 된다.

'벙커샷은 특별한 샷이 아니다⋯⋯.' 벙커 공포증이 있는 골퍼는 먼저 이런 생각을 굳게 먹고 시작해 보는 것이 어떨까?

"모래를 '폭발'시키듯 친다"는 말의 오해

벙커샷을 어려워하는 골퍼는 실은 이미 한 가지를 오해하고 있다.

그것은 "벙커에서 볼을 내보내기 위해서는 모래를 '폭발'시키지 않으면 안 된다"는 오해이다.

모래의 '폭발'이란 말은 골퍼라면 누구라도 들은 적이 있다.

소위 말해 벙커에서 볼을 쳐내기 위해서는 볼 밑의 모래에 SW의 클럽 헤드를 집어넣어야 한다. SW의 헤드에는 바운스라는 두툼한 부분이 있어 이것이 모래를 폭발시키는 것이며 이 모래 폭발의 힘으로 볼이 나가게 된다. 즉, 벙커샷은 볼이 아닌 모래를 치는 셈이다.

이런 해설을 레슨 강좌나 상급자로부터 들은 사람도 많이 있을 터이다.

분명히 그건 그 나름대로 일리가 있으나 문제는 '폭발'이라는 단어의 이미지에 있다.

폭발? 왠지 엄청난 힘이 들어가 있는 것 같은 느낌……. 이런 생각에 사로잡힌 골퍼는 이후로는 벙커에 있는 볼에 대해서는 철천지의 원수를 만난 것처럼 혼신의 힘으로 힘껏 치려고 한다.

분명 에그 프라이나 벙커 턱에 걸린 볼 등은 풀스윙에 가까운 형태로 모래를 폭발시키지 않으면 안 될 경우도 있지만 보통의 벙커샷은 의식적으로 모래를 폭발시킬 필요는 없다. 그저 이미지적으로는 '모래를 얇게 깎아 낸다'는 감이면 된다.

혼신의 힘으로 힘껏 치는 골퍼가 좋지 않은 것은 그 '힘껏'으로 끝나 버리는 경우가 압도적으로 많은 까닭이다. 즉, 헤드를 모래에 죽으라고 찔러 넣고 끝나는 데 있다. 이래서는 헤드가 빠져 나가지 않기 때문에 모래도 볼도 떠오르지 못한다. 그렇더라도 간혹 필요 이상으로 모래 연기를 뿌려내면서 볼이 나가 주기 때문에 그럴 때 그들은 '힘껏 치는 게 맞다'고 생각하게 되어 버린다.

골퍼가 조심해야 할 것은 잘못된 스윙인데도 몇 번에 한 번은 성공하는 적이 있기 때문에 좀처럼 그 틀린 것을 알아차리지 못한다는 점이다. '힘껏' 하고 끝나는 것으로 벙커에서 탈출하기 위해서는 상당한 힘을 필요로 하기 때문에 '힘껏' 치는 골퍼들은 그 성공체험 후 더욱더 힘을 들여 '힘껏' 치려고 하게 되어 마치 '모래 지옥에 돌진'하는 것처럼 스윙하게 된다.

프로 경기의 중계를 볼 기회가 있으면 벙커샷에 숙달된 프로들의 스윙을 잘 관찰해 보기를 바란다. 그들의 벙커샷은 보통의 피치샷과 거의 다름이 없다. 특별한 힘은 어디에도 들어가 있지 않다. 몸의 회전과 함께 확실하게 피니쉬를 취하고 있다.

보통의 피치샷과 다른 점은 '일부러 뒤땅이 되게 볼의 앞 지면을 친다'―그것밖에 없다.

▶ 당신은 어느 편인가?

NO!

벙커샷은 생각만 바꾸면 어느 날 갑자기 거짓말처럼 좋아지게 된다!

GOOD!

벙커샷은 클럽을 힘껏 내려치는 것이 아니고 모래를 싹하고 깎아 내는 이미지가 중요

벙커에서 쉽게 빠져나오는 바른 스윙은

〈 '특별하게 치는 법'을 구사하려고 하니 더욱더 실패한다 〉

벙커샷의 성공과 실패는 템포로 결정된다.

벙커샷을 어려워하는 골퍼는 정작 벙커샷을 하게 되면 갑자기 스윙이 빨라지는 사람이 많이 있다.

모래를 폭발시키기 위해서 힘이 필요하다고 잘못 생각하면 아무래도 힘이 들어가 스윙이 빨라지거나 혹은 의도적으로 뒤땅을 치려고 해서 타이밍이 빨라지게 된다.

더구나 어려운 샷일수록 '빨리 결과를 내고 싶다'란 의식이 작동해 스윙이 빨라지는 것도 있다.

이유야 어쨌든, 골프란 스윙이 빨라지면 좋을 것이 하나도 없다. 특히 벙커샷에서 스윙이 빨라지면 아주 큰 뒤땅이나 홈런 등 큰 미스와 직결되기 쉽다.

벙커샷은 특히 스윙 템포가 중요하다. 가볍게 들어 올려서 가볍게 휘두른다, 백스윙과 다운스윙의 템포를 같이 해서 클럽을 휘둘러 준다. 후술하는 바와 같이 거리나 볼의 높이를 컨트롤하기 위해서는 세밀한 기술이 필요하게 되지만 템포를 일정하게 하는 것만으로 벙커에서 한번에 탈출이 가능하다.

프로 골퍼의 벙커샷을 본보기로 하려면 먼저 그들의 템포를 배우도록 하자.

실제 라운드에서 벙커샷을 칠 때에 머릿속에 고수들의 스윙 템포를 떠올릴 것. 그 고수들의 템포를 자신의 것으로 바꿀 수 있다면 적어도 벙커에서 한 번에 탈출 가능한 것을 보증한다!

벙커샷도 스퀘어로 치는 것이 기본

벙커샷은 오픈 자세로 SW의 페이스를 열고 볼의 5cm 정도 앞을 스탠스의 방향에 따라(커트 궤도) 친다ー많은 골퍼들이 이 이론을 잘 알고 있을 터이다.

그럼 이 이론대로 실천하고 있는 골퍼에게 물어보겠다.

당신은 어느 정도의 오픈 자세로, 어느 정도 SW의 페이스를 열면 어떤 볼이 될 것인가를 알고 있는가?

프로나 상급자라면 오랜 경험으로 자세만으로도 바로 비거리나 높이, 스핀양 등이 상상 가능할 터이지만 에버리지 골퍼의 많은 이들은 그저 볼을 띄우기 위해 '별 생각 없이 오픈으로 자세를 잡고 적당히 페이스를 열고 있는' 사람들이 대부분이지 않을까.

이런 골퍼의 벙커샷은 '탈출만'으로 끝나는 것이 압도적으로 많은데 이유는 너무 오픈으로 자세를 잡았다든가, 페이스를 지나치게 열었기 때문이다.

앞서 소개했던 벙커샷의 이론은 분명히 그대로 유효하다. 그러나 이것은 벙커의 턱이 높고 컵까지의 거리가 가깝다든지 하는, 어디까지나 '응용편'이라고 생각하는 편이 맞다.

그러면 벙커샷의 '기본편'은 무엇인가 말하자면, 스탠스도 페이스도 스퀘어라는 사실이다. 이렇게 해도 정확하게 볼은 뜨며 벙커에서 나와 준다. 당연한 얘기지만, SW는 로프트가 60도 가까이나 되는 클럽이라 치면 볼은 자연히 뜨게끔 만들어져 있다.

벙커샷 연습을 할 기회가 있으면 꼭 스탠스도 페이스도 스퀘어로 해서 쳐보기를 바란다. 그리고 그때의 볼 높이나 비거리를 머릿속에 기억해 두기 바란다.

그리하면 실제 라운드에서도 스퀘어한 타법으로 쳐야 할 이유를 당신은 알 수 있다. '오픈 자세로, 페이스를 열고, 커트로 친다'라는, 즉 일부러 어려운 방법으로 쳐서 미스를 저지를 필요가 없다는 사실을 알게 된다.

물론 실제의 벙커샷에서 오픈 스탠스를 취하는 편이 좋은 경우가 많다. 왜냐하면 그린 옆 벙커에서의 샷은 대개 캐리가 5~20야드 정도의 짧은 것이 압도적으로 많기 때문이다. 오픈 스탠스라면 몸이 회전하기 쉽고 클럽도 휘둘러 빼주기가 쉽다. 더구나 클럽 페이스를 열어주면 클럽은 모래에 처박히는 일도 없이 마음껏 휘두를 수 있으며 그럼에도 거리가 나지 않기 때문에 보통의 가드 벙커에는 딱 맞는 타법이다.

다만 그런 것을 확인하는 의미에서도 스퀘어한 타법을 시도해 보는 것이 대단히 중요한 의미가 있다.

▶ 벙커샷의 기본

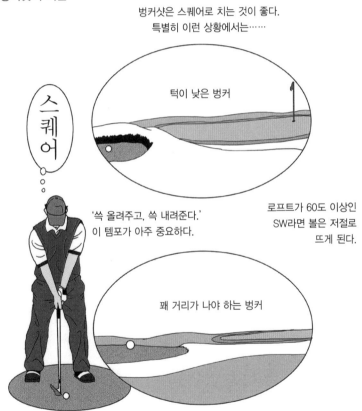

벙커샷은 스퀘어로 치는 것이 좋다.
특별히 이런 상황에서는……

턱이 낮은 벙커

스퀘어

'쓱 올려주고, 쓱 내려준다.'
이 템포가 아주 중요하다.

로프트가 60도 이상인
SW라면 볼은 저절로
뜨게 된다.

꽤 거리가 나야 하는 벙커

벙커에서 강해지는 의외의 숨은 비법

〈 모래인가 볼인가…… 클럽을 어디에 떨어뜨리면 좋은가? 〉

클럽을 넣을 장소는 '적당'하면 된다.

벙커샷은 이미 얘기했다시피 '일부러 뒤땅이 나게 친다'는 샷이다. '일부러 뒤땅이 나게 친다'는 말은 굉장한 고난도의 기술인 것처럼 생각할지 모르나 그렇지가 않다. 사실 벙커 안에 있는 볼을 그린으로 쳐서 붙인다는 것은 굉장히 어려운 일이다. 모래 위에 놓인 볼을 그린으로 치려면 벙커 턱을 넘기는 것도, 거리를 컨트롤하는 것도 굉장히 어렵다.

벙커샷은 뒤땅을 치는 것이 간단 — 이런 사실을 발견한 것은 1934년에 프로 골퍼로서 처음으로 그랜드 슬럼을 이루었던 진 사라젠이었다.

벙커샷이 어려웠던 그는 비행기 날개가 두툼한 것에 힌트를 얻어 헤드의 솔 부분을 두툼하게 한(바운스를 붙인) 특수 웨지를 윌슨이라는 클럽 메이커와 공동으로 개발했다. 그 웨지는 바운스가 있기 때문에 모래의 저항에 지지 않을 뿐만 아니라 모래를 폭발시킬 수도 있게 되었다. 즉, 이 웨지를 볼이 아닌 볼 밑의 모래에 넣어주면 모래가 폭발하여 볼을 사뿐하게 띄워주게 된다. 다시 말해 벙커에 있는 볼은 이 웨지로 일부러 뒤땅을 치면 간단하게 내보낼 수 있다는 것을 사라젠은 발견한 것이다. 이리하여 이 바운스가 붙은 웨지는 후에 SW라고 불리게 되어 전 세계의 벙커샷이 어려운 골퍼들을 모래지옥에서 구해줄 수 있게 되었다.

벙커샷이란 '일부러 뒤땅이 나게 친다'는 것은 '말은 그렇게 해도 무턱대고 뒤땅을 치면 된다는 것은 아니다. 예를 들어 볼 앞 5cm에 클럽을 넣으려고 하면 볼을 깨끗하게 쳤을 때와 같은 정확성이 요구된다'는 반론이 나온다.

그러나 결론부터 말하자면 그 범위는 어바우트(about), 즉 적당하면 된다. 그 증거로 '벙커샷에서 볼 몇 cm 앞을 쳐야 하나?'라는 질문에 대한 프로 골퍼나 레슨서의 답은 제각기 다르다. 볼 1개 정도(3cm 정도)부터 5cm 혹은 10cm(LW를 사용했을 경우)라는 대답도 있다.

달리 말하면 그 정도의 대강으로도 볼은 정확하게 벙커로부터 빠져나온다는 사실이다. 어느 정도 캐리가 나게 할 것인가는 뒤땅의 정도(파내는 모래의 양)만이 아니고 뒤에 설명하듯이 볼의 위치나 셋업의 방법으로도 결정되기 때문에 그 여러 변수를 종합해서 프로들은 벙커샷을 하고 있다. '정확하게 볼 몇 cm 앞을 쳐야 한다'라는 것은 누구도 단언할 수 없다.

▶ 벙커샷은 '적당' 정도면 좋다.

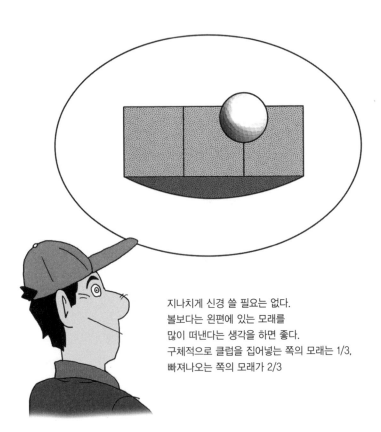

지나치게 신경 쓸 필요는 없다.
볼보다는 왼편에 있는 모래를
많이 떠낸다는 생각을 하면 좋다.
구체적으로 클럽을 집어넣는 쪽의 모래는 1/3,
빠져나오는 쪽의 모래가 2/3

벙커샷은 볼을 보지 않는 것이 요령

벙커샷을 적당히 뒤땅이 되게 치기 위해서 단 하나만의 요령이 있는데 그것은 '벙커샷에서는 볼을 보지 않는다'라는 점이다. 보아야 할 것은 볼 앞, 즉 어디서부터 헤드를 넣어야 할 것인가와 어디서 헤드를 빼야 할 것인가이다.

인간은 원래 볼을 보면서 클럽을 휘두르면 본능적으로 클럽을 볼에 맞추려고 하게 된다. 초보자들이 볼을 보더라도 헛스윙을 한다든지 뒤땅을 하는 것은 논외의 문제이고 에버리지 수준이 되면 '마지막에 본 장소'에 헤드가 들어가게끔 되어 있다. 그렇기 때문에 벙커샷 시에는 볼을 보아서는 안 된다는 것이 사실이다.

볼을 보면서 볼 앞을 친다는 것은 원래 굉장히 난도가 높은 기술이다. 농구나 축구에서 말하는 '노 룩 패스'(패스할 상대를 보지 않고 그 상대에게 패스한 것)와 같은 것인데 골프에서 일부러 그런 어려운 것을 할 필요는 없다.

더구나 볼을 보면서 그 앞부분을 친다는 게 능숙하게 되면 보통의 샷마저 뒤땅을 치게 될지도 모르는 일이다.

프로 골퍼는 어떤 샷이더라도 '어떻게 헤드를 넣어 어떻게 헤드를 빼낼 것인가' 하는 것을 미리 그려 보고 있다. 즉, 이 경우 그들은 볼이 아닌 헤드를 넣어야 할 지점과 빼내어야 할 지점을 보고 있기 때문에 벙커샷에서도 같은 이치이다.

구체적으로는 볼 앞 5cm쯤에 헤드를 넣고 볼 뒤 10cm쯤에서 헤드를 빼주는 것을 상상한다. 벙커샷은 자주 짚신 크기의 모래나 1달러 지폐 크기의 모래를 파내는 것이라고 말하듯이 볼의 전후에 그 정도를 생각해 두고, 스윙 시에는 그 '입구'만을 보면 된다.

▸ 볼을 보지 않고 '입구'를 본다.

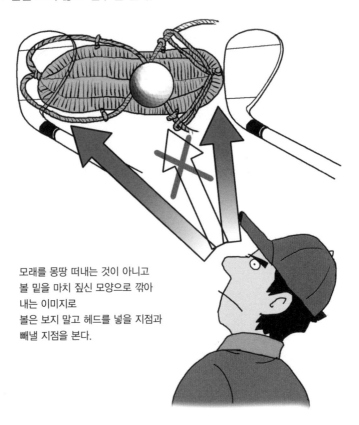

모래를 몽땅 떠내는 것이 아니고
볼 밑을 마치 짚신 모양으로 깎아
내는 이미지로
볼은 보지 말고 헤드를 넣을 지점과
빼낼 지점을 본다.

연습스윙은 바운스를 잔디 위에서 미끄러뜨려 본다.

하나 더, 벙커샷의 아주 좋은 실전적인 노하우를 소개하고자 하는데 바로 연습스윙에 관해서이다.

1장과 3장에서도 소개하였듯이 어프로치란 연습스윙으로 이미지를 만들어내는 것이 아주 중요한데 벙커샷도 마찬가지이다. 연습스윙도 하지 않고 성급하게 치게 되면 대부분 미스가 된다.

▶ 벙커샷에서 솔을 미끄러뜨리는 것은……

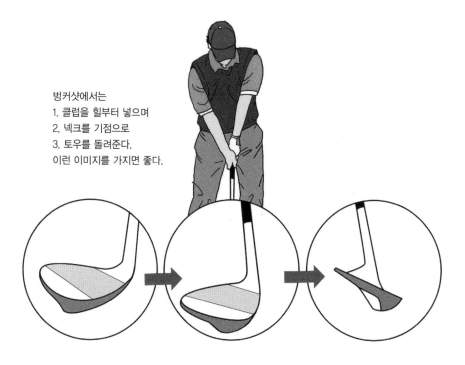

벙커샷에서는
1. 클럽을 힐부터 넣으며
2. 넥크를 기점으로
3. 토우를 돌려준다.
이런 이미지를 가지면 좋다.

다만 벙커 안에서는 클럽의 솔을 다듬는 것도 안 되며 더구나 모래를 떠내는 연습스윙은 불가능하다. 그렇다고 벙커 안에서 클럽이 실제로 모래를 퍼내지 않고 하는 연습스윙이란 별로 의미가 없다고 할 수 있다. 모래가 닿지 않게 클럽을 휘두르기 위해서는 상체를 세우지 않고는 안 되는데 이렇게 해서는 실전의 리허설이 되지 못하기 때문이다.

벙커샷의 연습은 벙커 밖에서 이제부터 치고자 하는 벙커샷과 똑같은 자세를 취하면서 해야 한다. 이때의 포인트로는, 솔(바운스) 부분을 잔디 위에 미끄러뜨리면 된다. 잔디를 벙커의 모래라고 생각하고 그것을 얇게 깎아내는 이미지로 연습스윙을 한다.

거리감에 따른 클럽의 스윙 폭이 확인되었으면 다음은 그 이미지를 믿고 실전에 임하면 된다.

볼의 높이와 거리를 조절해 주는
셋업의 공식

〈 언제나 같은 자세라면 원하는 볼을 보낼 수 없다! 〉

지금까지 설명하였던 것들을 당신이 실행할 수 있다면 보통의 벙커(턱도 높지 않고 라이도 괜찮은 벙커)라면 간단하게 탈출할 수 있다. 그러나 현실은 턱이 높은 벙커가 있는가 하면 라이가 나쁜 벙커도 있는 법이다. 게다가 오로지 '탈출만'이 아닌 핀에 붙이고 싶은 골퍼도 많이 있는 게 현실이지 않는가?

그러기 위해서는 목적에 맞게 스윙이나 볼의 위치 등을 조금 바꾸어 줄 필요가 있다. 그래서 지금부터는 벙커샷에서 볼을 자유자재로 컨트롤할 수 있는 기술적인 각론을 소개하겠는데 우선 기본적인 셋업의 방법부터 소개하고자 한다.

이미 설명했다시피 에버리지 골퍼들은 '언제나 오픈 자세로, 항상 페이스를 여는 자세'의 사람이 압도적으로 많고 게다가 핸드 퍼스트의 자세라든가 볼의 위치를 지나치게 우측에 둔다든지 하는 등 셋업의 단계에서 여러 가지 잘못을 하고 있는 사람이 적지 않다. 볼을 치기 전 단계에서 여러 가지 미스가 나올 수밖에 없는 자세가 되어 있기 때문에 미스가 나지 않는다는 것이 오히려 이상할 정도이다.

샷의 성패의 80%는 셋업에서 결정된다고 자주 얘기되지만 벙커샷의 경우는 거의 100% 결정된다고 해도 틀린 말이 아니다. 볼의 위치, 스탠스의 폭과 방향, 페이스의 여는 정도, 체중이 실리는 방법 등이 결정되면 자동적으로 스윙 궤도가 결정되기 때문이다. 즉, 그 자세에 거스르지 않는 '자연스런 스윙'을 하면 반드시 골퍼가 예상하던 대로의 샷이 가능해지는 법이다.

그러면 어떤 자세를 하면 어떤 볼이 나올 것인가? 아래는 바로 그 공식이 된다.

	높고 캐리/런이 작은 볼	낮고 캐리/런이 많은 볼
스탠스 폭	넓게	보통
스탠스의 방향	많이 오픈	약간 오픈
중심	낮게	약간 낮게
체중	오른발에 둔다	왼발에 둔다
페이스의 방향	많이 오픈	약간 오픈
볼의 위치	왼발에 둔다	오른발에 둔다

예를 들면 볼이 벙커의 높은 턱 가까이 놓여 있고 벙커로부터 컵까지의 거리가 가까울 경우, 즉 높고 캐리와 런이 작은 볼을 쳐야 할 경우는, '스탠스 폭은 넓게 하고 극단적인 오픈 자세로 중심을 낮게(허리를 구부리고), 체중은 오른발, 볼은 왼발에 두고 페이스를 열고 친다'는 것이다.

실제로 이렇게까지 극단적으로 해야 할 필요는 드물지만 특별히 '높고 거리가 나지 않는 볼'이 되는 셋업을 기억해 두면 그 밖의 것들은 이러한 것들을 잘 조합한다든지 그 정도를 가감하는 것으로 자신이 원하는 볼을 칠 수 있게 된다.

또한 셋업의 방법에 따라 볼의 캐리나 높이의 컨트롤이 가능해지면 어떤 벙커샷에서도 스윙의 크기 자체는 바꾸지 않아도 된다는 것을 알 수 있다. 프로 골퍼는 20야드 이내의 벙커샷은 거의 쓰리 쿼터의 스윙으로 끝내 버린다. 이것은 그들이 클럽의 스윙 폭보다 페이스의 여는 정도나 오픈 스탠스의 정도에 의해 거리를 컨트롤하고 있기 때문이다.

스윙의 크기를 그다지 바꾸지 않게 되면 항상 같은 리듬으로 벙커샷을 할 수 있게 된다. 프로의 벙커샷이 핀에 붙는 것은 그런 이유도 크게 작용한다.

마지막으로 벙커샷의 셋업에 관한 몇 가지 포인트를 보충 설명하고자 한다.

먼저 스탠스는 오픈이 되어 있어도 어깨와 허리의 방향은 스퀘어,

즉 볼이 날아가는 방향과 평행이 되지 않으면 안 된다. 벙커샷에만 해당되는 것이 아니고 모든 샷의 경우, 볼은 어깨의 움직임과 같은 방향으로 날아가기 때문이다.

또 하나는 클럽을 잡을 때에 그립의 위치가 볼보다 약간 우측이 되도록 한다. 보통의 어프로치의 경우와 같이 핸드 퍼스트로 자세를 취하면 임팩트 시 헤드가 모래에 박혀 빠져나오기가 어려워지게 된다.

끝으로 클럽 페이스를 여는 방법인데 클럽을 연다는 것은 보통 클럽을 쥐고 나서 그 상태에서 클럽을 열려고 양 손목을 비트는 사람이 많은데 이것은 잘못된 것이며 클럽의 페이스를 연 상태로 해주고 나서 자연스럽게 쥐는 것이 바른 방법이다.

▶ 벙커에서의 바른 셋업

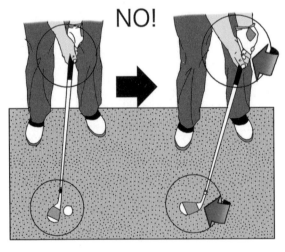

클럽을 먼저 쥐고 나서
양 손목을 비틀어
페이스를 여는 것은 잘못

GOOD!

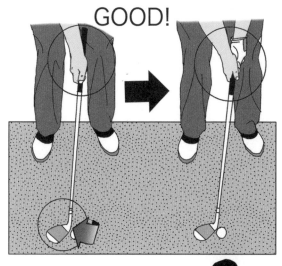

클럽의 페이스를 연
상태에서 그대로 쥐는
것이 정답

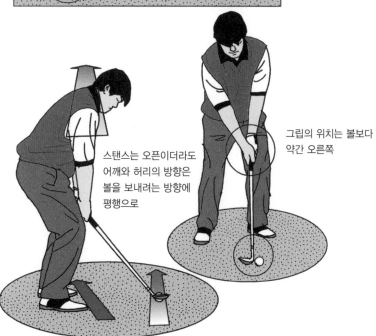

스탠스는 오픈이더라도
어깨와 허리의 방향은
볼을 보내려는 방향에
평행으로

그립의 위치는 볼보다
약간 오른쪽

187

벙커샷에서도 몸을 회전시키는 것이 기본

〈 팔로만, 힘으로만 빠져나오려는 것은 아닌가? 〉

지금부터는 셋업 이후, 즉 실제의 스윙에 관하여 소개한다.

앞서 셋업이 결정되면 자동적으로 스윙 궤도도 결정된다는 얘기를 했다. 벙커샷의 경우는 오픈 스탠스로 자세를 취하는 것이 보통이기 때문에 당연히 그 자세에 따른 스윙 궤도는 비구선에 대해 아웃사이드 인이 된다. 그럼에도 볼이 목표를 향해 바로 날아가는 것은 페이스를 열고 있어, 즉 페이스가 우측을 향해 있기 때문이다.

스윙의 포인트는 어떻게 모래를 깎아 낼 것인가이다. 그러기 위해서는 열어 놓은 SW의 페이스를 힐 부분부터 먼저 모래에 넣어 주는 이미지로 하면 된다.

힐부터 먼저 들어간 페이스는 모래에 잠기면서 넥크를 중심으로 돌아 토우 부분이 먼저 모래로부터 나오게 된다 ― 이런 이미지이다.

▶ 벙커에서도 몸을 회전시킨다

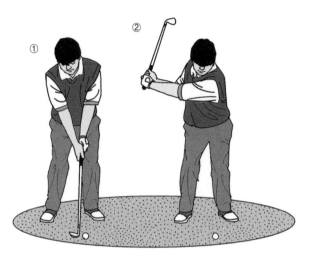

SW의 페이스를 열고
힐부터 모래에 넣어
토우가 먼저 모래에서
나오는 이미지로

피니쉬에서는 몸이
목표를 향하도록
돌려줌으로써 모래를
깎아내는 것이
가능해진다.

다른 방식으로 표현하자면, 페이스를 돌린다는 말은 의식해서 손목을 돌리는 것이 아니고 어디까지나 몸의 회전으로 페이스를 돌리게 된다는 의미이다.

이 부분은 대단히 중요한 사항으로, 많은 골퍼들은 하반신을 고정시킨 채 팔의 힘만으로 모래를 폭발시키려고 하고 있는데 이래서는 클럽이 모래에 처박히고 만다. 피니쉬에서 몸이 목표방향으로 향하도록 몸을 돌려줌으로써 헤드는 미끄러지듯 모래를 깎아 내는 것이 가능해진다.

또한 벙커샷이라 하면 어떻게 해서라도 볼을 퍼올리려고 하여 오른 어깨가 떨어져 버리는 골퍼가 많으나 이렇게 해서는 뒤땅이 나 버린다. 몸으로 볼을 띄워 올리려는 생각은 애써 하지 않아도 정확하게 볼이 뜨도록 자세를 하고 있기 때문에 이것을 믿으면 된다.

몸은 어디까지나 평행으로 돌린다! 이것은 단지 벙커샷뿐만이 아니고 모든 샷에 공통되는 기본 중의 기본이다.

아무래도 긴장되는 성가신 벙커의 공략법

〈 어디에 어떻게 주의할 것인가, 이 '공식'을 기억해 두자! 〉

턱이 높은 벙커에서는 코킹을 빨리 한다.

턱이 높은 벙커나 핀이 가까이 있는 경우는 볼을 높이 띄울 필요가 있다. 기본적으로는 스탠스, 페이스를 모두 상당히 오픈으로 하고 약간 오른발 체중(축이 약간 우측)이 되도록 하면 되지만, 또 다른 특별한 테크닉을 소개한다.

그것은 코킹(테이크 백에서 손목을 엄지 쪽으로 꺾는 것)을 빨리 하는 방법이다. 그러면 헤드가 높이 올라가 예각으로 클럽을 내릴 수 있기 때문에 볼을 띄우기가 쉬워진다.

다만 스윙 중에는 항상 페이스를 열어 두지 않으면 헤드가 모래에 처박혀 버리기 때문에 주의해야 한다. 페이스가 언제나 열려 있으면 테이크 백에서나 팔로우에서나 클럽 페이스가 자신의 얼굴 쪽으로 향하는 법이니 연습스윙 시 이것을 확인하기를 바란다.

또 높은 볼을 치려고 하면 임팩트 시 왼쪽 무릎이 펴지는 골퍼가

▶ 턱이 높은 벙커에서 치는 방법

① 스탠스, 페이스 모두 오픈으로 하고, 약간 오른발에 체중을 둔다.

코킹을 빨리 해 높은 위치에서 예각으로 클럽을 내린다. 왼편 무릎의 각도는 절대적으로 유지

② ③ ④

많은데 이러면 탑볼이 나기 쉬워지므로 왼 무릎의 각도는 끝까지 지켜야 하는 것을 잊지 말아야 한다.

경사가 있는 벙커에서는 밸런스가 관건

대개의 벙커에서는 양쪽 발이 불안정하지만 경사져 있는 경우에는 더 말할 필요조차도 없다.

이럴 때는 먼저 스파이크를 단단하게 모래에 묻고 양발을 안정시켜야 한다. 예를 들어 발끝 오르막이라면 발꿈치보다 발끝을 깊게 모래에 파묻으면 조금은 평탄한 라이에 가깝게 되어 밸런스가 쉽게 무너지지 않는다.

그 다음은 경사에서의 어프로치와 같이(146페이지 참조) 경사에 거스르지 않도록 스윙한다. 클럽은 양쪽 발이 낮아진 만큼 짧게 쥐며 스윙 중의 체중이동은 금물이다.

아래는 경사별 원포인트 어드바이스이다.

⊙발끝 내리막 – 이 경우에 한해서 볼이 멀어지더라도 평상시의 셋업으로도 괜찮다. 경사 때문에 밸런스가 무너지기 쉬우므로 허리를 떨어뜨린 자세를 취하며 발끝에 체중을 두고 휘둘러 준다.

⊙발끝 오르막 – 볼이 몸에 가까워지므로 클럽을 상당히 짧게 쥔다. 무릎을 많이 구부려 클럽의 리딩 에지가 모래 면과 평행이 되도록 셋업하고 발꿈치에 체중을 두고 스윙한다. 볼이 가까이 있기 때문에 손목이 펴지면 뒤땅이 난다.

▶ 경사별 원포인트 어드바이스

⊙ 발끝 내리막

클럽은 보통으로 쥐고
허리를 떨어뜨린 후
안짱다리의 자세로
발끝에 체중

⊙ 발끝 오르막

클럽을 짧게 쥐고
리딩 에지와 사면을 평행으로
셋업하고 발꿈치에 체중

⊙ 왼발 오르막

사면에 맞춘 오른발 체중에
무리하게 볼을 퍼 올리려고
하지 말 것

⊙ 왼발 내리막

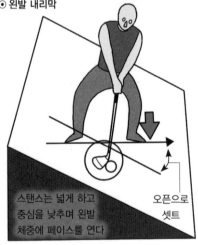

스탠스는 넓게 하고
중심을 낮추며 왼발
체중에 페이스를 연다

오픈으로
셋트

⊙ 왼발 오르막 – 경사대로 왼발에 체중이 가도록 어드레스한다. 이 경사는 벙커 턱에 가까운 경우가 많으나 왼발이 오르막이기 때문에 볼은 자연히 뜬다. 볼을 퍼 올리려고 하면 오른 어깨가 내려가 뒤땅이 되므로 요주의.

⊙ 왼발 내리막 – 볼을 띄우기 어렵기 때문에 난이도가 높다. 스탠스를 넓게 하고 중심을 낮추며 오른발에 체중을 둔다. 스탠스, 페이스 둘 다 상당히 오픈으로 하고 재빨리 콕킹을 한 후 휘둘러 준다. 왼편이 낮기 때문에 왼 무릎이 펴지면 탑볼이 되기 쉽다. 런이 많이 나는 것도 염두에 두고 샷을 한다.

모래의 상태가 나쁜 벙커에서는
어떻게 탈출하는가

〈 딱딱한 모래, 부드러운 모래, 에그프라이…… 어떻게 해야 하나? 〉

젖고 딱딱한 모래나 모래가 거의 없는 곳에서의 벙커샷은 PW로

비가 온 후의 벙커나 모래가 거의 없는 벙커에서는 자주 탑볼이나 홈런 등의 미스가 난다.

비 온 후의 벙커는 모래가 물을 먹어 딱딱하게 되며 모래가 없는 벙커에서는 모래 밑이 바로 딱딱한 땅이기 때문에 평상시의 벙커샷처럼 SW의 페이스를 열고 솔부터 모래에 넣으면 튕겨져 버리고 만다.

이럴 때 제일 간단한 방법은 바운스가 작은 PW나 9번 아이언을 사용한다. 이런 클럽은 바운스가 작기 때문에 약간만 페이스를 열어도 헤드가 튕기지가 않는다. 다만 SW만큼 볼이 뜨지 않으며 SW 정도의 스윙 폭이라면 캐리와 런이 많이 나기 때문에 거리감에 신경을 써야 할 필요가 있다.

또 하나는 SW를 빨리 코킹한 후 코킹을 풀지 말고 신체의 회전으로 치는 방법이다. 신체의 회전으로 치게 되면 클럽 헤드가 튕기지 않고 칠 수 있게 된다.

체중은 왼발에 유지해야 하는데 왼발 → 오른발로 체중이동이 되면 축이 흔들리거나 상체가 앞으로 기울어지고 말기 때문에 본능적으로 손잡이가 느슨하게 되어 정확하게 치기가 어렵다.

▶ '발바닥의 감촉'으로 모래를 확인하자.

발바닥을 비비는 것은 바닥을 다지는 것 외에 모래의 부드러움을 확인하는 의미도 있다.

딱딱한가?
부드러운가?
모래가
없는 편인가?

모래가 얇을수록
얇게 모래를 떠내야 할
필요가 있다.

팔로우는 작고 낮게 해준다. 높은 볼은 칠 수 없으나 생각보다 스핀이 걸리기 때문에 볼이 잘 멈춰져 준다.

벙커샷은 벙커 내의 모래 상태에 의해 치는 방법이 달라진다. 그러므로 치기 전에 중요한 것이 벙커의 모래 상태를 확인하는 일이다. '확인한다'고는 해도 이 경우 사용하는 것은 '발바닥의 감촉'이다. 벙커에 들어가면 바닥을 고정시킬 때 발바닥의 감촉으로 모래의 질이나 양을 살피는 것을 잊지 않도록 한다.

부드러운 모래에서의 벙커샷은 '크고 얇게'

전 항과는 반대로 부드러운 모래에서는 SW의 바운스를 이용한다. 리딩 에지부터 모래에 넣어주면 부드러운 모래에 헤드가 파묻히게 되어 잘 빠져나오질 않기 때문이다.

오픈으로 자세를 잡고 페이스를 연 후에 모래를 얇고 길게 깎는 듯한 모습으로 평상시의 벙커샷보다 큰 스윙을 해준다. 스핀을 걸기가 어렵기 때문에 런이 다소 많이 나는 것을 감안한다.

체중은 약간 왼발에 두고 스윙 중 체중이동은 하지 않는다.

최근 미국 골프계에서는 벙커샷 시에 그다지 스핀을 걸지 않는 타법을 구사하는 프로들이 늘고 있다.

이유는 마스터즈가 개최되는 오거스타처럼 미국의 코스에는 입자가 가늘고 부드러운 모래의 벙커가 많아 이러한 모래질의 벙커에서는 스핀 걸기가 어려워서 볼을 사뿐히 띄워 굴리지 않으면 도리가 없기 때문이다.

또한 이런 벙커샷의 경우 런이 나기 때문에 결과적으로 칩인이 되는 확률이 높기도 해 의도적으로 스핀을 걸지 않는 프로들이 많이 있다.

일본의 코스에는 아직 부드러운 모래의 벙커가 많지 않으나 벙커의 모래를 바꾼 코스를 라운딩할 경우에는 여기서 소개한 타법을 생각해 내기를 바란다.

'에그프라이'의 벙커샷은 팔로 내려치는 장작패기 스윙으로

벙커의 모래가 아주 부드럽거나 맞바람으로 높이 떠오른 볼이 급강하하여 벙커에 떨어졌다면 십중팔구 볼은 '에그프라이'의 상태가 되기가 쉽다.

이것은 프로에게도 꽤나 부담스러운 샷이다. 왜냐하면 볼이 모래에 묻혀 버리거나 혹은 볼 주위에 분화구 모양의 모래 띠가 생겨 볼 밑에 클럽 헤드를 넣는 것이 어렵기 때문이다. 볼만 사뿐하게 치는 것도 어려울 뿐만 아니라 볼 밑의 모래를 멋지게 폭발시키는 것도 또한 어렵다.

힘이 좋은 골퍼라면 평상시처럼 페이스를 열고 볼을 모래 띠 그대로를 쳐낸다는 의도로 치면 뭔가 될 것 같으나(바운스가 적은 클럽이 좋다) 그렇지 못한 골퍼에게는 매우 위험하다.

페이스를 열고 칠 경우는 분화구 상태이더라도 볼이 많이 묻히지 않은 에그프라이 경우에 한해서이다. 이때에는 볼과 분화구 사이에 클럽을 넣는 것이 아니고 분화구 밖에서부터 클럽을 넣어주어 분화구 자체를 옮긴다는 의도로 쳐준다.

볼이 모래에 많이 파묻힌 에그프라이에서의 벙커샷은 볼을 오른발에 두고 SW의 페이스를 덮은 채로 볼의 뒤에 SW의 리딩 에지를 단단하게 넣어주는 타법이 좋다.

팔로우는 하지 않는다기보다 클럽을 예각으로 넣어주기 때문에 팔로우는 자연히 취하지 않게 된다. 왼발에 체중을 둔 채로 탁하고 내려치고 끝내는 거의 손만으로의 스윙이 된다. 힘이 약한 사람은 SW의 페이스를 자신 쪽으로 향할 정도까지 세워주면 된다.

요령은 손목을 꺾어 가능하면 예각으로(위에서 아래로) 클럽 헤드를 볼 뒤에 내려쳐 주면 된다. 클럽을 아웃에서 장작을 패듯이 위에서

▶ 에그프라이가 된 벙커샷은……

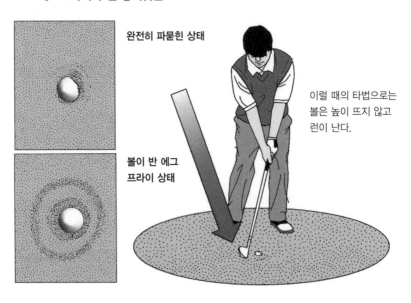

완전히 파묻힌 상태

볼이 반 에그
프라이 상태

이럴 때의 타법으로는
볼은 높이 뜨지 않고
런이 난다.

아래로 넣어주는 이미지이다. 이렇게 해줌으로써 헤드가 볼 밑부분에 이르러 모래를 폭발시키는 것이 가능해진다.

다만 이런 타법에서는 볼이 높이 뜨지 않고 런이 많이 나는 것을 계산해 두어야 한다. 벙커 턱이 높다든지 핀 방향의 턱까지 10야드 이상인 경우에는 처음부터 핀을 노리지 말고 '빼내는 것'만으로 다행이라고 생각해야 한다.

좀 더 고난도의 기술로는 힘껏 내려친 헤드를 바로 빼주는 방법이 있는데 이리하면 비교적 볼이 높이 떠 가까이에 핀이 있어도 붙일 수 있는 확률이 높아진다.

팔로우는 취하지 않고 왼발에 체중을 둔 채 힘껏 내려치고 끝낸다.
클럽 헤드는 가능하면 예각으로 볼 뒤에 내려친다.

볼은 오른발에 두고 SW의 페이스를 닫는다.

코킹을 해주고 클럽을 아웃에서 장작을 패듯이 위에서부터 아래로 넣어주는 이미지

그린까지 거리가 있는 벙커에서
잘 하는 요령

〈 로프트가 작은 클럽으로 칠 것인가, 언제나 SW로 힘주어 칠 것인가? 〉

벙커에는 '들어가도 좋은 벙커'와 '들어가서는 안 되는 벙커'가 있는 데 후자 중 하나가 그린까지 거리가 캐리로 30야드 이상이 되는 벙커 이다.

왜 핀까지의 거리가 30야드 이상인 벙커샷이 어려운 것일까?

그것은 모래의 힘을 이용하는 보통의 벙커샷에서는 캐리로 30야드 가 최대 한계이기 때문이다.

그 이상 보내려고 생각하면 퍼내는 모래의 양을 최소화하고 좀 더 정확하게 볼을 가격하지 않으면 안 되기 때문인데 이미 설명했듯이 모래 위에 놓인 볼을 정확하게 가격한다는 것은 엄청 어려운 기술이 며 더군다나 40야드냐 아니면 45야드냐와 같은 미묘한 거리감을 내 는 것은 더욱더 어려운 일이다. SW로 정확하게 가격하여 거리감을 내기 위해서는 벙커 턱이 낮고 모래가 딱딱하고 라이가 좋은, 다시 말해 잔디에 가까운 상태의 경우일 뿐이다.

그러므로 거리가 꽤 되는 벙커에서 칠 때는 그린에 올리는 것 자체로 만족해야 한다.

그린으로부터 거리가 꽤 되는 벙커는 벙커 자체가 상당히 크거나 그린과의 사이에 또 다른 벙커가 있는 경우가 많다. 그러므로 거리가 짧으면 다시 벙커에 볼이 들어가거나 홈런이 나거나 하는 경우를 피하는 것이 기본임을 말할 필요조차 없다.

예를 들어 그린 에지까지 30야드, 핀은 에지로부터 15야드인 곳에 있으며 핀 뒤로 15야드 정도의 그린인 경우를 상정해 보자(그린의 경사는 고려치 않는다).

이럴 경우 캐리의 허용범위는 30~50야드, 30야드 이하이면 그린에 미치지 못하며 캐리가 50야드를 넘으면 런을 포함해 그린을 오버해 버릴 가능성이 크다. 이상적인 것은 캐리 35~40야드, 런 5~10야드로 핀에 딱 붙이는 샷이다.

제일 간단한 방법은 SW 대신에 AW나 PW, 힘이 약한 골퍼나 좀 더 거리가 있는 경우에는 숏아이언을 사용하는 방법이 있다.

이런 클럽들은 SW보다 로프트가 작기 때문에 SW와 같은 정도의 모래를 퍼 올렸어도 거리는 더 난다.

치는 방법은 SW의 벙커샷과 같이 얇게 모래를 떠내는 샷인데 거리를 내고 싶을수록 스탠스, 페이스의 방향 모두 스퀘어에 가깝게 취한다.

　또 하나로는 SW로 훅성의 볼을 치는 방법이다. 보통의 벙커샷과 다른 것은 스탠스를 클로즈로 하는 것뿐이다. 체중을 왼발에 두고 볼을 감아버리듯 휘둘러 준다. 이렇게 하면 캐리, 런이 평상시의 벙커샷보다 길어지게 된다.

▸ 거리가 있는 벙커에서는……

모래의 저항에 지지 않도록
평시보다 왼쪽으로 내려쳐
클럽을 빼준다는 생각으로.

6장

드디어 깨닫게 되는-

절대 무너지지 않는
현명한 공략법

'한 클럽 이내로 붙이는 것'은 기술만으로는 가능하지 않다.
'어디에, 어떻게 볼을 떨어뜨릴까' 하는 '전략'과 '판단'이 필요하다.
컵까지의 올바른 거리 측정, 떨어뜨릴 장소를 포함한 그린의 상황 판단,
미스샷의 방지 등등…… 과연 골프는 '두뇌 스포츠'라고 할 만하다.

어디에, 어떻게 주의해서 공략해야 하나

〈 라이의 상태나 그린의 위치 등 정보 수집을 게을리하지 말 것 〉

기억의 축적이 '감'을 키운다.

어프로치를 성공시키기 위해서는 기술뿐만이 아닌 '정보의 수집과 분석'이 중요하다. '정보의 수집과 분석'이란 다소 과장된 말인 것 같지만 요점은,

1. 볼의 라이
2. 컵까지의 거리
3. 그린의 형상과 빠르기
4. 바람

등의 정보를 수집해 어떻게 공략할 것인가, 어떻게 치면 좀 더 핀에 붙일 수 있을까 혹은 칩인이 가능할 것인가를 생각하고 판단해야 한다.

프로 골퍼들은 이 작업을 10초 이내에 해치워 버린다. 아니 거의

'한 눈'에 가능하지만 확인과 '머릿속에서의 재현'을 위해서는 어느 정도 시간을 쓰고 있다.

우리 아마추어들도 슬로우 플레이어라고 불리지 않을 정도의 범위 내에서 이런 정보의 수집 분석을 해야 하는 것은 말할 필요도 없다.

어프로치는 무엇보다도 경험이 기본이 된다. 그러나 정보의 수집과 분석을 대충해 버리면 정확한 경험이 데이터로 재생되지가 않는다.

역시 어프로치란 감의 부분이 큰 것은 사실이지만 '이런 상황에서 이렇게 친다면 이 정도로 붙는다'란 기억이 데이터로 축적되어 있다면 감이 없는 골퍼라 할지라도 확실히 어프로치를 잘 할 수 있게 된다.

정보라는 것은 이렇듯 기억해야 할 '라이, 거리, 치는 법 등의 결과물'로서 감과는 별개로 이러한 기억의 축적에 의해 비로소 생겨나게 되는 것들이다.

거리의 측정은 최소한 '10야드 단위'로

1의 '볼의 라이'에 관하여는 지금까지 상세하게 설명했으므로 지금부터는 2 '컵까지의 거리'에 관해 생각해 보기로 하자.

프로 골퍼의 경우 캐디가 하는 경우를 포함해 시합에 임하면 컵까지의 거리를 걸음걸이로 재는 경우가 많이 있다. 이것은 그들이 1~2야드 단위로 나눠 치는 것이 가능하기 때문이다. 그래서 이런 기술이 없는 아마추어가 컵까지의 거리를 걸음걸이로 재려고 하면 웃는 사람이 있는데 왜냐하면 그런 기술도 없을 뿐만 아니라 슬로우 플레이가 되기 때문이다.

예를 들어 자신 나름의 걸음걸이로 컵까지 35야드라고 판단했다고 하자. 라이가 좋기 때문에 SW로 20야드 띄우고 15야드 런이 나게 쳤는데 캐리가 5야드 모자라 결과적으로 10야드 짧았다면 어프로치로서는 완전한 미스샷이지만 이때의 상황과 타법 그리고 결과를 기억해 두면 이것은 반성자료뿐만이 아닌 아주 귀중한 데이터가 된다.

한편 실제로는 35야드인데 으레 눈대중으로 '대강 40야드 정도'로 판단해 버리고 마는 골퍼는 설혹 컵에 붙였다 해도 '5야드의 오차'는 좀처럼 교정되지가 않는다. 어떤 날 간혹 정확하게 거리를 측정했다 해도 그에게는 5야드 길게 치는 버릇이 몸에 배어 버렸기 때문에 반드시 오버해 버리고 만다. 어프로치에 있어서 5야드의 오차란 1퍼트냐 2퍼트냐의 갈림길이 된다. 이것은 스코어 면에서 보면 치명적인 것이라고 할 수 있다.

아무리 걸음걸이로 재는 것이 중요하다고 말해도 실제 컵까지의 거리를 걸음으로 재면 확실히 슬로우 플레이가 되기 때문에 우선은 '10야드 단위'로 거리를 파악해야 한다.

기본은 1걸음=1야드(91cm)의 보폭을 몸에 익혀 둔다. 보폭이 좁은 사람은 12걸음=10야드라고 해도 좋다. 그래서 어프로치를 칠 때는 볼에서부터 10야드를 걸음걸이로 재고 컵까지 10야드의 몇 배가 되는지를 눈짐작으로 재어 대강의 거리를 도출해 낸다.

처음에는 30야드, 40야드 등 10야드 단위로 재게 되지만 나중에는 자연스럽게 30, 35, 40 심지어는 30, 33, 36, 39처럼 세밀하게 판단할 수 있게 된다. 그렇게 되면 분명 기술이 향상되었다고 생각해도 좋다. 어프로치 후에는 그린으로 향하면서 컵까지의 실제 거리를 체크

▶ 이동하면서 거리를 파악할 것

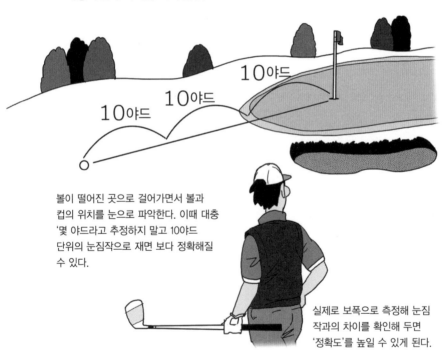

10야드

10야드

10야드

볼이 떨어진 곳으로 걸어가면서 볼과 컵의 위치를 눈으로 파악한다. 이때 대충 '몇 야드'라고 추정하지 말고 10야드 단위의 눈짐작으로 재면 보다 정확해질 수 있다.

실제로 보폭으로 측정해 눈짐 작과의 차이를 확인해 두면 '정확도'를 높일 수 있게 된다.

하여 10야드 단위로 눈짐작으로 재어 오차를 점검해 두면 좋다.

또한 세컨샷을 한 장소에서 그린에 올리지 못한 볼로 향할 때 볼과 컵까지의 거리를 대략 눈짐작으로 측정해 두고 실제 걸음걸이와의 오차를 확인해 보면 나중에는 멀리서 한 번 보기만 해도 대강의 거리를 가늠할 수가 있게 된다.

거리감을 몸에 배게 하기 위해 길거리를 걸어갈 때도 전신주까지의 거리를 눈짐작으로 파악한 후 실제 걸음걸이로 확인해 보는 방법도 있다. 이런 방법으로 연습해서 프로가 되었다는 골퍼도 분명히 있다.

'그린'과 '바람'을 읽는 법

컵까지의 거리를 읽었다면 다음은 3 '그린의 형상과 빠르기'를 판단해야 한다.

이미 설명했듯이 어프로치는 그린에 떨어뜨리는 것이 기본이다. 그린이란 러프나 페어웨이보다 라이가 현저하게 좋아 바운드의 방법이나 스핀을 넣어 굴리는 조건의 예측이 쉽기 때문이다. 물론 이 바운드의 방법이나 굴리는 조건이란 그린의 형상에 의해 크게 달라지는 것은 말할 필요도 없다.

딱딱하고 빠른 그린이라면 높이 띄운 볼이 크게 튀어 오른다든지 스핀을 걸기가 어려워 잘 굴러갈 것이고 반대로 부드럽고 느린 그린이라면 볼을 잘 세울 수가 있다.

이런 정도의 판단 근거는 처음엔 연습 그린이나 먼저 플레이한 동반 경기자의 샷 정도밖에 없다. 그러나 몇 홀을 돌고 난 후에는 서서히 그린의 빠르기(경도)를 감 잡게 되고 어프로치의 이미지가 보다 선명해지게 된다.

그린의 형상을 체크하는 것이 대단히 중요하다는 것은 말할 필요도 없을 것이나 포인트로는 맨 처음 떨어뜨릴 곳은 가능하면 평탄한 부분이 되도록 해서 바운드의 방향이나 그 후의 굴러가는 상태를 읽기 쉽게 해야 한다. 예를 들어 굴려서 붙이려고 하면 몇 개의 경사면을 넘겨야 하지만 높이 띄운다면 이런 경사면을 피할 수 있는 경우, 그 판단은 자신의 기량을 잘 감안해 어떤 방법이 더 잘 붙일 수 있을지를 고려해야 한다.

결론이 났다면 다음은 볼이 떨어진 장소로부터 컵까지의 경사를 살펴 볼의 굴러감이 처음부터 어떤 라인을 그리는지를 연상해야 하는데 그 방법은 퍼팅의 경우와 똑같다.

다음으로 4의 '바람'인데, 뒤바람의 경우 볼을 높이 띄우면 오버할 수도 있고 앞바람이라면 다소 오버해서 쳐도 핀 바로 아래 떨어뜨려 딱 세울 수도 있다. '핀이 그린 안쪽으로 멀리 있다면 뒤바람을 이용하는 수도 있으나 핀이 그린 앞쪽에 있다면 굴리는 편이 낮지 않을까…….' '핀이 그린 앞에 있지만 앞바람이 심하므로 높은 볼이 더 괜찮지 않을까…….' 이런 고려를 해야 한다.

'골프란, 어프로치 방법을 생각할 때가 가장 재미있다'라고 하는 어떤 싱글 골퍼의 고백처럼 어프로치를 즐기기 위해서는 고려해야 할 여러 가지 재료, 즉 지금까지 설명했던 정보들이 빠짐없이 갖추어져 있어야 한다.

▶ 그린의 상태와 바람을 어떻게 읽을 것인가.

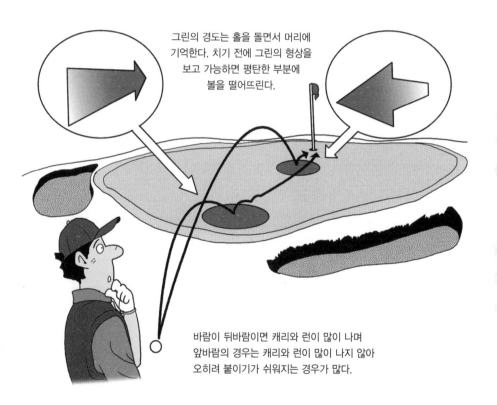

그린의 경도는 홀을 돌면서 머리에 기억한다. 치기 전에 그린의 형상을 보고 가능하면 평탄한 부분에 볼을 떨어뜨린다.

바람이 뒤바람이면 캐리와 런이 많이 나며 앞바람의 경우는 캐리와 런이 많이 나지 않아 오히려 붙이기가 쉬워지는 경우가 많다.

213

원퍼트 거리에 붙이려면 어느 곳을 노려야 하나

〈 핀만 무턱대고 노리는 것은 아닌가? 〉

어떻게 붙일까는 에지로부터 핀까지의 거리로 결정된다.

어프로치를 치는 법은 1장에서 소개했듯이 런닝(굴리기), 피치 앤 런, 로브의 3종류가 있다.

그럼 어떤 방법으로 결정할 것인가? 가장 기본이 되는 것이 바로 에지에서 핀까지의 거리이다.

에지에서 핀까지가 멀다면 볼을 굴리는 것이 가능하지만 가깝다면 런이 나지 않게 치지 않으면 안 된다.

여기에 앞에서 설명한 볼의 라이나 그린의 상태, 바람 등의 요소를 가미해 최종적인 어프로치 방법과 클럽을 결정한다.

예를 들어 같은 피치 앤 런이라도, 핀이 그린 깊숙이 있다면 AW, 그린 앞쪽에 있다면 SW와 같이, 치는 방법은 바꾸지 않아도 클럽을 바꾸어 줌으로써 핀에 붙일 수가 있게 된다.

▶ 항상 똑같은 공략법을 구사하고 있지는 않은가?

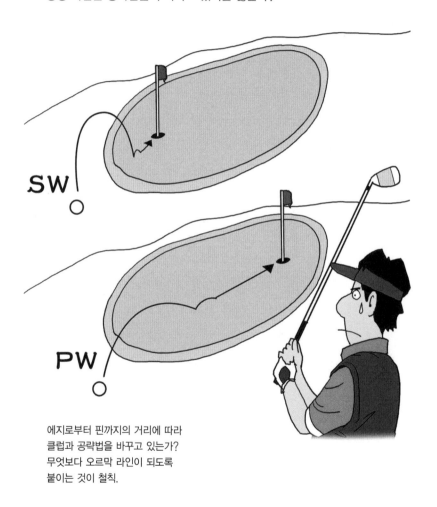

에지로부터 핀까지의 거리에 따라
클럽과 공략법을 바꾸고 있는가?
무엇보다 오르막 라인이 되도록
붙이는 것이 철칙.

내리막 1m 보다 오르막 2m가 되게 붙일 것

어프로치의 철칙으로 '오르막 라인이 되게 붙여라'라는 것이 있다. 말할 필요도 없이 퍼팅은 내리막보다 오르막 라인이 쉽기 때문이다.

쉽게 이해하기 위해 직경 20야드인 보통 경사의 그린에 컵이 한가운데 뚫려 있는 경우를 가정해 보자. 그리고 아래의 3개 케이스 모두 볼이 그린 에지까지 2야드 지점에 있다고 하자.

1. 그린 앞쪽 언저리로부터 붙이는 경우로 컵까지는 오르막 경사로 되어 있다. 만약 볼이 순결의 라인이라면 칩인도 가능한 절호의 기회로 컵 주변의 미묘한 경사를 잘 읽고 약간 오버하는 정도의 기분으로 치고 싶은데…… 오버해서 다음 퍼트에 자신이 없다면 10~12야드 굴려 오르막 라인이 남도록 한다.

   이런 판단은 골퍼의 기량이나 시합 등에서의 '승부'와 관계가 있기 때문에 언제나 적용되는 판단이라고 할 수는 없다.

2. 볼이 그린의 좌우에 있는 경우로 그린 우측에서는 훅 라인, 좌측에서는 슬라이스 라인인 경우가 있다. 이 경우 보통 컵인을 노리지는 않는다. 왜냐하면 옆이라고 해도 보통 경사의 그린인 이상 내리막 경사로 되어 있기 때문이다. 내리막 경사에 있는 컵에 집어넣으려고 하면 약간의 모험이 된다. 어찌하든 컵 아래 1m 이내에 붙이면 다행이라고 여긴다.

   그린 우측에서는 훅을 예상하고 컵 약간 우측 휘어지는 정점(변곡점)을 향해 치면 대굴대굴 굴러 정점에 도달한 볼이 거기서부터는 컵을 향해 굴러가는 이미지이다.

그린 좌측에서는 슬라이스를 고려해 컵 약간 왼쪽 역시 굽어지는 정점(변곡점)을 노리면 된다.

▶ 붙이는 '철칙'을 잊지 말 것!

어프로치는 오르막 라인이 되게 하는 것이 철칙
내리막 라인이 되어서는 곤란

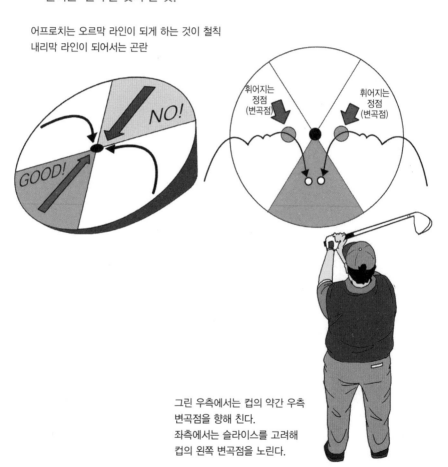

NO!

GOOD!

휘어지는
정점
(변곡점)

휘어지는
정점
(변곡점)

그린 우측에서는 컵의 약간 우측
변곡점을 향해 친다.
좌측에서는 슬라이스를 고려해
컵의 왼쪽 변곡점을 노린다.

3. 제일 어려운 것이 그린 너머로부터의 어프로치로 내리막 경사의 정도에도 그렇지만 거리감을 맞추어야 하는 것이 어렵다. 보통은 살짝 띄우거나 스핀을 걸어 굴러감을 억제하기도 하지만 이것 역시 경험과 이미지 그리고 기술이 필요하다.

   어쨌거나 '내리막 1m 보다는 오르막 2m'라는 격언대로 '짧지만은 않게'라는 생각으로 치는 것 외에는 다른 방법이 없다.

포대 그린의 둔덕에 원쿠션 후
컵인시키는 비결

〈 떨어뜨릴 곳의 라이를 확실하게 확인하고 있는가? 〉

볼은 포대 그린 앞쪽에 있고 컵은 에지와 거의 거리가 나지 않는 경우 어프로치 방법으로는 2가지가 있다.

하나는 볼을 높이 띄워 그린에 올리고 거기서부터 굴려 붙이는 방법, 또 다른 하나는 일단 볼을 포대 그린의 둔덕에 맞혀 힘을 죽이고 2번째 바운드로 그린에 올리는 방법이 있다.

후자를 소위 '원쿠션으로 넣는다'라고 말하는 것으로 그린이 내리막 경사더라도 볼의 힘을 잘 줄여주기만 하면 살살 굴려 컵에 붙일 수가 있기 때문이다.

높이 띄울 것인가, 원쿠션으로 넣을 것인가 이것은 골퍼의 기량과 볼의 라이에 의해 결정된다. 볼을 높이 잘 띄우지 못하는 골퍼나 라이가 좋지 못하여 볼을 띄울 수가 없는 경우에는 원쿠션으로 하는 수밖에 없다.

사용하는 클럽은 PW나 숏아이언으로 낮은 탄도로 볼을 둔덕에 맞혀야 하는데 이때 중요한 것이 먼저 볼을 맞출 장소의 라이를 확인해 두는 점이다.

막 비가 그쳐 지면이 부드럽게 되었다면 볼은 그다지 튀지를 않기 때문에 조금 세게 치는 것이 좋으며 딱딱하게 말라 있으면 볼이 잘 튀기 때문에 조금 약하게 치는 것이 좋다. 또 볼을 맞힐 장소가 움푹 파여 있거나 하여 경사의 방향이 변할 우려가 있으면 볼이 어느 방향으로 튈지 알 수가 없으므로 주변을 잘 살펴야 한다.

이렇듯 원쿠션으로 칠 때에는 볼을 떨어뜨릴 장소까지 가서(그다

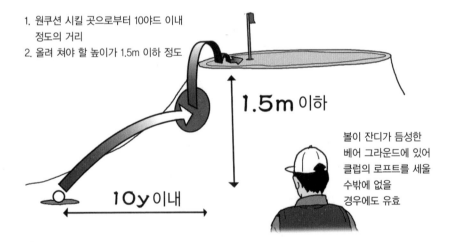

▶ 원쿠션으로 넣을 수 있는 경우는……

1. 원쿠션 시킬 곳으로부터 10야드 이내
   정도의 거리
2. 올려 쳐야 할 높이가 1.5m 이하 정도

1.5m 이하

10y 이내

볼이 잔디가 듬성한
베어 그라운드에 있어
클럽의 로프트를 세울
수밖에 없을
경우에도 유효

지 멀지 않고 대개 10야드 이내) '발바닥'으로 라이의 경도나 경사를 잘 확인하는 것이 좋다.

이 원쿠션으로 치는 방법으로 잘 붙이게 되면 그야말로 기분 좋은 샷이 된다.

이와 관련해서 주의할 사항으로, 라이가 좋아 잘 띄울 수 있을 때 가장 많이 실수하는 것으로 포대 그린의 아래쪽에 볼이 있는 경우는 왼발 오르막의 경사인 경우가 많아 경사에 맞춰 헤드를 넣게 되면 로프트가 커지게 되어 '볼은 뜨게 되지만 거리가 나지 않고 런도 나지 않게 되기'가 십상이다. 이럴 때는 SW보다는 AW, AW보다는 PW 등으로 로프트가 낮은 클럽을 사용하는 것이 성공의 비결이다.

벙커를 넘길 때는 얼굴을
들지 않는 것이 요령

〈 누구나 공의 행방을 보고 싶겠지만 여기서는 자제할 것! 〉

벙커를 넘기기 위해서는 로브샷을 치면 간단하지만 굳이 로브샷이란 어려운 테크닉을 사용할 필요는 없다. SW를 조금 열고 볼을 왼발에 두고 치면 그린이 아주 높은 곳에 있지 않는 한 벙커를 넘기기는 쉽다.

그런데 로브샷은 물론 특히 볼을 높이 띄우는 것이 부담스러운 골퍼나 혹은 벙커를 넘기려고 하면 몸이 굳어져 탑볼이나 뒤땅 등의 실수를 반복하는 골퍼들은 어떻게 치면 좋을까?

여기에 비장의 방법을 가르쳐 주고자 한다.

그건 바로 팔로우를 할 때까지는 절대로 얼굴을 들지 않는 것이다.

1장 어프로치에서 임팩트가 끝난 후에는 얼굴을 들고 볼의 행방을 바라보라고 말했었다. 얼굴을 밑으로 향한 채로는 몸이 잘 회전하지

앉아 팔만의 스윙이 되기 쉽고 임팩트 후에 얼굴을 들어 볼의 행방을 확인하지 않으면 거리감의 이미지가 머릿속에 축적되지 않기 때문이다.

그렇지만 볼을 높이 띄우는 것이 서툴고 부담스러운 골퍼는 벙커를 넘긴다는 결과가 신경이 쓰여 임팩트 전에 머리를 들어 버려(전형

▶ 벙커를 넘길 때의 '절대철칙'

벙커를 넘길 때는, 무엇보다 결과가 신경
쓰이는 샷이다. 그래서 헤드업이 되어
실패하는 경우가 많다. 여기서는 꾹 참고
몸을 반드시 돌려 줄 것!

적인 헤드업!) 탑볼이 되거나 뒤땅을 치는 경우가 유난히 많다.

팔로우까지는 절대로 머리를 들지 않게 되면, 몸을 사용해 무리하게 볼을 띄우려는 행위가 하고 싶어도 할 수 없게 되는 장점도 있다.

다만 아무래도 팔만의 스윙이 되기 쉽기 때문에 몸을 확실하게 회전시켜 주어야 한다. 그 다음은 2장에서 소개했던 볼을 높이 띄우기 위한 타법을 자신있게 해주면 된다.

생크가 난 후의 효과적인
'연습스윙'의 비결

〈 방심하게 되면 스코어가 엉망이 되어 버리므로 요주의! 〉

생크-도대체 싫은 단어이다. 드라이버에서는 생기지 않는데 어프로치에서는 곧잘 저지르기 쉽다. 붙여서 원퍼트를 노려야 하는 순간에 잘못하면 OB가 될 수도 있기 때문에 이 샷은 보통의 미스샷과는 비교할 수도 없이 치명적이다. 더군다나 생크는 연달아 발생하는데 이유는 점점 볼을 맞추는 터치가 나빠지기 때문이다.

생크란 것은 볼이 클럽의 넥크(목)부분에 맞아 우측으로 날아가 버리는 현상으로 그 원인으로 레슨서에는 클럽의 궤도가 극단적인 아웃사이드 인이나 인사이드 아웃에서 일어나며 핸드 퍼스트에서도 발생한다-이런 식으로 쓰여 있다. 사실 '극단'이라면 생크가 되든지 다른 무엇이 되든지 여러 가지 미스가 생기는 것은 당연하다. '극단'이 나쁜 원인이 되었다면 '극단'을 '보통'으로 되돌리면 된다는 이야기와 다름이 없다.

 생크가 생기는 원인은, 드라이버에서는 생기지 않는데 어프로치에서 생기기 쉬운 이유를 생각해 보면 이해할 수 있다. 그건 신중히 치려고 하는 나머지 볼을 맞추려고 스윙하는 중, 임팩트에서 그립의 위치가 몸으로부터 떨어져 버리는 것이 원인이거나 혹은 클럽의 힐 부분부터 볼과 맞추려고 하는 의식이 지나치게 강해 팔로만의 스윙이 되어 그 결과 넥에 맞추어 버리고 말기 때문이다(후자의 경우는 나

▶ 생크는 바로 고쳐야 한다.

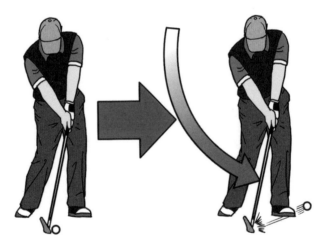

어드레스 시 임팩트의 형태를
취했다면 왼발에 체중을 둔 채로
그 어드레스의 모습으로 되돌려
준다는 의식만을 한다.

주의해서 치려는 생각이 지나쳐
생크가 연발하게 된다.

이스샷과 종이 한 장 차이로 몸을 확실하게 돌려주면 바로 고쳐진다).

생크가 연발하기 쉬운 것도, 2번째에는 '좀 더 신중히 치자'고 하기 때문이다. 드라이버 샷에선 생크가 나지 않는 것은 거의 모든 골퍼가 '신중히 치자'라는 마음보다는 '생각한 대로 치자'라는 마음으로 치기 때문이다.

그러므로 코스에서 생크가 났을 때는 멘탈적으로는 '좀 더 적당히 치자'라고 생각하면 좋다.

이 정도로도 거의 모든 생크가 고쳐지겠지만 이런 정신적 처방만으로는 불안하다는 사람은 그립이 몸에서 떨어지지 않도록 왼쪽 겨드랑이를 붙이고 낮게 안쪽으로 끝까지 몸의 회전으로 휘둘러 주는 연습스윙을 해보면 좋다.

어드레스 때 볼에 셋팅한 그립의 위치가 원래 상태로 돌아가는 한, 다시 말해 몸에서 떨어지지 않는 한 물리적으로 넥크 부분이 볼에 맞는 일은 있을 수 없다.

특히 볼을 멀리 놓아서는 절대 안 된다. 생크가 난다는 것이 볼과 몸의 거리가 가깝기 때문이라 생각해 실제 그렇게 하는 골퍼가 많지만 볼에서부터 멀리 떨어져 어드레스하면 손목이 점점 몸에서 떨어져 다시 생크가 되기가 쉬워진다.

▶ 생크가 난 후의 연습스윙

① 왼쪽 겨드랑이가 열리지 않도록 장갑이나
헤드 커버를 끼고 몸의 회전으로 치는
이미지를 취한다.

②

③

생크가 난 후에는 볼을 멀리 하는 것은
절대 금물! 이런 연습스윙을 하면서
고치는 것이 좋다.

④ 팔만이 아닌 몸을 확실하게
돌리는 이미지로

7장

실력을 쑥 자라게 하는-

연습과 도구 선택의
놀라운 비법

실전에 강해지기 위해서는 어떤 상황에서도 흔들림 없는
'확실한 타법'이 필요하다. 몸의 바른 사용법은 연습장에서
막연히 볼을 치는 것만으로는 익숙해지지 않는다.
지루한 어프로치 연습을 어떻게 할 것인가?
프로가 권장하는 효과적인 방법을 소개한다.

놀랄 정도로 좋아지는 어프로치 연습법

〈 어프로치의 비결을 몸으로 익히기 위해서는? 〉

볼을 던져 봄으로 거리감과 몸의 움직임을 익히자.

어프로치에 능숙한 골퍼는 곧잘 '클럽과 손과 팔이 하나가 된다'고 말하곤 한다. 그들은 자신의 팔(특히 왼팔)은 샤프트와 같이, 손(특히 오른손)은 헤드와 같이 움직여, 어떤 볼이라도 손으로 던지는 것같이 마음대로 치는 것이 가능하다.

골퍼로서는 정말로 '궁극적인 이상'이지만 이 이상에 한 발이라도 다가서기 위해서는 실제로 자신의 손으로 골프 볼을 던져 보면 좋다.

우선 SW로 10~15야드 정도 보낼 때의 스탠스를 취한 후 오른손에 골프 볼을 쥐고 목표방향(신체의 좌측)으로 던져 본다.

아마도 거의 모든 사람은 던지는 동작이 끝난 후에 몸은 목표방향으로 향해 있을 것이고 오른 무릎이 약간 왼쪽 무릎에 붙고 왼발에 체중이 실리게 된다.

　이렇게 되면 바로 어프로치의 기본인 피치샷과 거의 같은 몸의 움직임이다. 오른손도 그야말로 멋지게 피니쉬 자세를 취한 형태가 될 것이다. 실제 어프로치에서 이런 감으로 스윙하면 아주 간결한 동작이 되게 된다.

▶ 몸의 사용법을 기억해 두자.

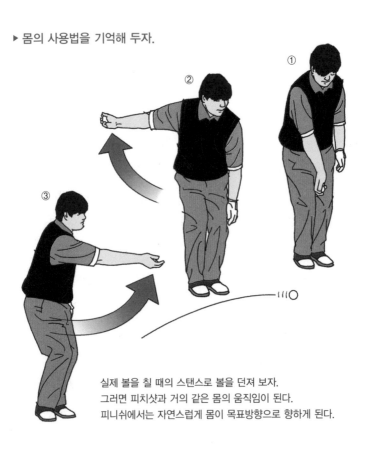

실제 볼을 칠 때의 스탠스로 볼을 던져 보자.
그러면 피치샷과 거의 같은 몸의 움직임이 된다.
피니쉬에서는 자연스럽게 몸이 목표방향으로 향하게 된다.

볼을 던질 때는 누구라도 할 수 있지만 일단 클럽을 쥐게 되면 체중이 오른발에 남는다든지 손으로만 치는 스윙이 되는 것은 그만큼 골프를 지나치게 어렵게 생각하기 때문이다. 볼을 던져 보는 것은 어프로치샷의 기본인 신체의 사용방법을 가르쳐 줄 뿐만 아니라 이때의 몸의 움직임이 상상 이상으로 간단해 자연스럽다는 것을 알게 해준다.

또한 볼을 던짐으로 거리감을 키워주는 역할도 한다. 먼저 5야드, 10야드, 15야드의 거리를 던져 본 후 SW를 쥐고 같은 거리를 쳐 본다. 그러면 팔의 휘두르는 폭은 SW인 경우 샤프트가 있는 만큼 원심력이 작동하기 때문에 약간 작게 되지만 감으로는 볼을 던질 때와 거의 다름이 없음을 알 수 있다.

인간은 이 정도의 거리감은 태어나면서부터 갖추었다고 한다. 실제 어프로치에서 거리감을 잡기 어려울 때 '클럽을 잡지 않은 연습스윙'을 해보면 그것으로 당신이 원래 갖고 있는 거리감이 다시 살아날 수 있다.

왼발로만 서서 스윙해보면 기본적인 몸의 움직임을 알게 된다.

'외발타법'이라 하면 '세계적인 왕정치 선수'가 아무래도 유명하지만 여기서 소개하는 '왼발 하나로의 타법'은 왕 선수와는 반대이다. 그도 물론 왼발 하나만의 타법이지만 야구의 축이 되는 발과 골프 어프로치 시의 축이 되는 발은 틀리다. 야구의 경우 우타자의 축이 되는 발은 오른발이지만 오른손잡이의 골퍼가 어프로치를 할 때 축이 되는 발은 로브샷이나 왼발 오르막 라이 등을 제외하고는 벙커샷을 포함한 거의 모든 샷이 왼발이 축이 된다.

연습방법으로 왼발 하나로 서서(균형을 잡기 어려운 사람은 오른발 끝을 지면에 살짝 대어도 좋다), SW로 10야드 정도의 피치샷을 쳐보면 아래의 것들을 알 수 있게 된다.

1. 몸이 회전하기 쉬워진다.
2. 하반신의 움직임이 제한된다.
3. 중심이 오른발에 남지 않는다(남을 수가 없다).

1의 경우는 완전히 왼발만이 축이 되기 때문에 두 발이 축이 되었을 때보다 몸의 회전이 쉬워지기 때문이다. 그래서 이 경우는 손만으로의 스윙을 하지 않기 위한 어프로치 연습의 기본이 된다.

2도 어프로치의 목적이 거리를 내는 것이 아니기 때문에 이래도 괜찮다. 아마추어는 어프로치 시 몸을 지나치게 사용해 이것이 미스샷의 원인이 되는 사람이 많이 있다.

3의 경우도 이것으로 OK. 어프로치 시 체중이 오른쪽에 남아 있으면 뒤땅이나 탑볼의 원인이 된다. 지금까지 설명해 왔듯이 어프로치 시 체중이동은 필요가 없다.

그러므로 이 '왼발 하나로의 타법'도 어프로치의 기본적인 몸의 움직임을 익히는 데 탁월하게 효과를 발휘한다.

▶ 몸의 회전을 기억해 두자.

오른발 끝은 지면에 살짝 닿을 정도로
체중이동을 하지 말고 천천히 스윙하여
몸을 회전한다. 어프로치의 기본동작을
익힐 수가 있다.

또 왼발 하나로 스윙을 하면 하반신의 움직임이 제한되기 때문에 스윙 스피드가 느려지게 되는데 이것이 바로 원래 어프로치 템포로, 성급한 가격을 막아주는 좋은 연습법이 된다.

더구나 스윙의 크기도 전체적으로 작아지게 되어 좌우대칭의 스윙이 된다(그렇지 않으면 밸런스가 잘 잡히지 않게 된다). 이것 또한 어프로치샷의 진수이다. 어프로치샷의 요령을 파악하기 위해서는 정말로 좋은 방법임에 틀림이 없으므로 부지런히 연습하기를 바란다.

한 손으로 쳐보면 골프의 비법을 실감할 수 있다.

외발타법 다음으로는 '한손타법'으로 조금 난이도가 높지만(90을 깨지 못하는 골퍼는 무리일지도), 어프로치가 잘 될 뿐만 아니라 보통 스윙의 요령도 습득 가능한 훌륭한 연습방법이다.

먼저 비교적 간단한 오른손 타법으로 클럽은 웨지나 9번 아이언 정도면 좋다. 처음에는 고무 티에 볼을 올려놓고 치다 정확히 볼을 맞힐 수 있게 되면 매트에서 쳐본다. 오른쪽 겨드랑이가 떨어지지 않게 왼손으로 오른쪽 팔꿈치 부분을 누르고 리듬감 있게 몸을 돌려친다.

전 항에서 볼을 던지는 연습을 소개했듯이 이때의 오른손 사용법을 그대로 하면 방향, 거리감 모두 맞출 수가 있게 된다.

그리하여 마침내 오른 손바닥이 클럽 페이스와 일체화되는 단계에 이르면 완성되는 것으로 50야드 정도 칠 수 있게끔 되면 꽤 숙달되었다는 증거이다. 왼손으로 오른 팔꿈치를 눌려주는 대신 왼손을 허리

▶ 오른손만으로 쳐보자.

먼저 오른손으로만. 처음엔 왼손으로 오른쪽 팔꿈치를 눌러준다. 오른손 바닥과 클럽 페이스가 일체화되는 이미지로

①

숙달이 되면 왼손을 허리 위에 두고 연습한다.

① ②

② ③

여러 번 반복하면 오른손 손바닥과 클럽 페이스가 일체화되어진다.

③

팔꿈치를 열지 않는 것, 클럽은 몸에 가까이 통과할 것, 헤드의 무게를 느끼면서 리듬감 있게 휘두르는 것……. 이런 골프의 비결이 이해되게 된다.

237

에 붙여 보도록 하자.

다음 왼손 타법으로 이 경우도 처음에는 왼쪽 겨드랑이가 떨어지지 않도록 오른손으로 왼쪽 팔꿈치를 가볍게 눌러주고 숙달이 되면 허리에 붙인다. 이 방법은 허리 움직임이 바르지 않으면 잘 칠 수 없음을 바로 알 수 있다.

어느 한손 타법이라도 손으로만 치는 타법으로는 절대 잘 될 수가 없다. 몸의 회전을 이용하지 않으면 클럽을 휘두를 수가 없게 된다. 또한 팔꿈치를 열어서는 안 되고 클럽은 몸 가까이 붙어 스윙이 되어야 하며 헤드의 무게를 느끼며 리듬감 있게 휘두르지 않으면 잘 되지 않는 것 등을 이해할 수 있다.

이 방법은 어프로치뿐만 아니고 모든 스윙에 적용되는 '골프의 비법'이라고 해도 좋다.

한손 타법을 하고 난 후에 보통의 양손 타법을 해보면 거짓말처럼 간단하게 이해될 것이다.

이렇게 해보면 어프로치 미숙이라는 문제는 정말로 간단히 해결될 수 있다.

딱딱한 판 위에서 쳐 솔을 미끄러뜨리는 감각을 익힌다.

딱딱한 판 위에서 볼을 친다-고 하면 보통의 골퍼들은 당황하게 된다.

'잘 맞을 리가 없어' '손목에 관절염이 생기지 않을까' 이런 생각을

▶ 왼손으로만 쳐보자.

처음엔 왼 팔꿈치를 가볍게 눌러주고
숙달이 되면 오른손을 내린다.

한손 타법 시에 몸의 회전을
이용하지 않으면 잘 할 수가
없다. 헤드의 무게를 느껴가며
리듬감 있게 스윙한다.

할지 모르나 이것이 의외로 간단한 문제 해결책이 된다.

이 연습의 목적은 클럽의 솔을 미끄러뜨리는 요령을 파악하는데 있다. 그러므로 리딩 에지를 예각으로 넣어서는 안 되므로 이것이 숙달되면 오히려 관절염 따위는 염려할 필요도 없어진다.

사용할 클럽은 바운스가 적은 SW나 LW 등으로 바운스가 크면 딱딱한 모래의 벙커처럼 클럽이 튕겨져 버리고 만다.

특히 솔을 미끄러뜨리기 때문에 볼을 누르는 듯한 이미지로 클럽을 쥐면 뒤땅 시에도 생각 이상으로 정확하게 볼을 맞힐 수가 있음을 알 수 있다.

딱딱한 판 위에서 이 방법에 익숙해지면 잔디 위라면 클럽이 떨어지는 장소가 좀 더 안 좋아도 괜찮다. 특히 실제 라운드에서는 안심하고 솔을 미끄러뜨리는 것이 가능해지게 됨은 말할 필요도 없다.

그럼에도 딱딱한 판 위에서는 싫다는 사람은 연습장의 매트 중 제일 닳아 떨어진 부분이나 가장 끄트머리의 딱딱한 부분에 볼을 놓고 쳐보면 좋다.

구입하기 전에 알아야 할 웨지 선택법

〈 '프로가 쓰고 있으니까'에 속고 있지는 않은가? 〉

아마추어용 웨지는 구즈(오리)형

어프로치에 적합한 클럽을 꼽으면 웨지이며 그 중에서도 SW는 벙커샷은 물론 여러 가지 어프로치샷에 사용되는 만능의 클럽이다. 그렇기 때문에 프로 골퍼가 되면 SW의 형상이나 로프트 각, 소재, 도색방법 등에 따라 제각각의 종류가 많이 있다. 아마추어들도 최근에는 SW와 AW만은 기존의 아이언 셋트와는 다르게 별도의 제조사가 만든 클럽을 사용하는 사람이 적지 않다.

그런데 개중에는 '프로가 사용하기 때문에'라는 이유만으로 일부러 어려운 웨지를 사용하는 아마추어가 많이 있다. 그래서 지금부터 '웨지 선택 시 상식과 비상식'에 관해 생각해 보기로 하자.

먼저는 그 형상에 관해서이다.

최근의 웨지는 소위 '돌출 치아형'의 것이 주류인데 목 부분(넥크)과 리딩 에지가 직선형이거나 에지 부분이 조금 앞으로 나온 형상의 웨지이다. 이러한 것들은 러프의 잔디로부터 엉키기 쉬운 미국의 코스에 적합한 웨지로 '튀어나온 치아' 부분만큼 러프로부터 잘 빠져나오고 볼을 띄우기가 쉬운 특징이 있다.

▶ 웨지의 어디를 볼 것인가?

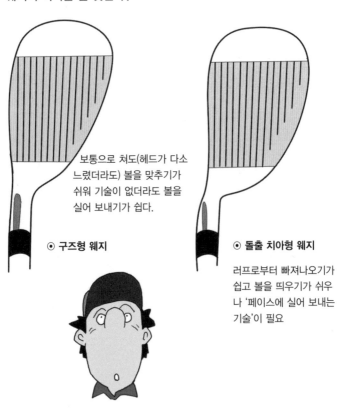

보통으로 쳐도(헤드가 다소 느렸더라도) 볼을 맞추기가 쉬워 기술이 없더라도 볼을 실어 보내기가 쉽다.

⊙ **구즈형 웨지**

⊙ **돌출 치아형 웨지**

러프로부터 빠져나오기가 쉽고 볼을 띄우기가 쉬우나 '페이스에 실어 보내는 기술'이 필요

일본의 프로 골퍼들도 대부분 이 '돌출 치아형'을 사용하고 있고 골프숍에서 팔리고 있는 웨지도 이 형태가 압도적으로 많지만 '돌출 치아형' 웨지를 잘 소화하기 위해서는 '볼을 페이스에 잘 실어 보내는 것'이 대전제가 되어야 한다.

이것이 안 되면 볼의 밑부분에 페이스가 들어가더라도 볼은 그저 붕 떠오를 뿐 거리를 낼 수 없는 웨지가 되고 만다.

'볼을 실어 보내는 기술'이 없는 아마추어들은 옛날부터 많이 사용해 왔던 '구즈형(오리형)'의 웨지를 사용하는 편이 쉽다. '구즈형'이란 리딩 에지가 오른쪽으로 많이 휘어져 있는 웨지로 무엇보다 볼을 맞추기 쉽게 되어 있어 평범하게 쳐도 비교적 쉽게 '볼을 실어 보내는 것'이 가능하다.

'구즈형'은 '돌출 치아형'에 비해 페이스를 열기 어려워 세심한 기술 구사는 어렵지만 아마추어에게는 세심한 기술 구사 여부보다는 보통의 샷이더라도 거리감이 나는 편이 마땅히 고려되어야 한다.

'구즈형'의 웨지는 단품의 경우는 드물고 초보자용 아이언 셋트에 포함되어 있는 경우가 많으며 간혹 중고숍에서 구할 수도 있다. '돌출 치아형' 웨지로 잘 되지 않는 사람은 한번 '구즈형'으로 시도해 볼 것을 추천한다.

로프트와 바운스의 미묘한 관계

수년 전 '로우 바운스', 즉 바운스 각도가 10도 미만인 웨지가 대유

행했으며 현재도 애용하고 있는 골퍼가 많이 있다. 바운스란 앞서 설명했다시피 웨지(특히 SW)의 솔 부분에 붙어 있는 약간 팽창되어 있는 부분이다. 종래에는 보통의 SW에는 10~12도의 바운스가 붙어 있고 그 덕분에 벙커샷 시 모래를 폭발시켜 볼을 빼낼 수가 있다. 즉, 로우 바운스의 SW는 모래를 폭발시키기 어려워 벙커샷에는 맞지 않는 웨지라는 정설이 있었으나 그럼에도 불구하고 왜 로우 바운스의 웨지가 대유행하였나?

그 하나로 로우 바운스의 SW는 벙커샷에는 불리해도 그밖의 모든 어프로치에는 사용하기에 아주 좋기 때문이다. 바운스의 각이 작으면 페이스를 열었을 때 솔이 지면에 부딪혀 튕겨지는 것이 방지되기 때문이며 또한 로우 바운스의 웨지는 솔의 폭이 넓어 잔디에 미끄러지기가 쉬워 프로나 상급자 사이에서 조절하기가 쉽다는 점에서 인기가 있다.

또한 벙커샷에는 적합하지 않다는 로우 바운스의 SW도 페이스를 열고 오픈 자세의 컷트 궤도로 치면 솔이 아주 잘 미끄러져 주기 때문에 클럽이 잘 빠져나올 수가 있다. 미국의 프로 골퍼들은 벙커샷에도 바운스 각이 작고 로프트 각도가 60도 이상인 LW를 쓰는 사람이 늘고 있는데 그것은 그들이 얇게 모래를 뜨면서 볼을 보내는 기술이 있기 때문이다.

달리 말하면, 벙커샷을 스트레이트 궤도로 '처박는' 타입의 골퍼는 바운스가 다소 큰 SW가 적합하며 여타의 어프로치가 쉽다는 것도 고려해야 할 사항이다.

프로 중에는 다소 큰 바운스라도 힐 부분만을 깎아 내는 등 사용에 능수능란한 사람이 드물지가 않다.

▶ 바운스의 각에도 주목

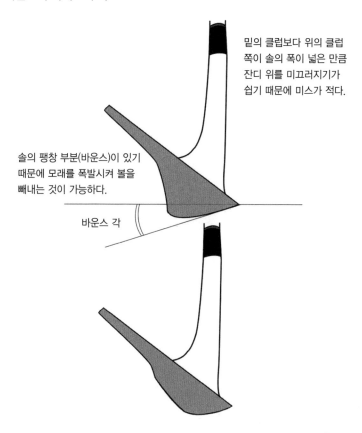

밑의 클럽보다 위의 클럽 쪽이 솔의 폭이 넓은 만큼 잔디 위를 미끄러지기가 쉽기 때문에 미스가 적다.

솔의 팽창 부분(바운스)이 있기 때문에 모래를 폭발시켜 볼을 빼내는 것이 가능하다.

바운스 각

바른 이론을 아는 것은 기술향상의 지름길이다. 그렇지만 이론만으로는 물론 골프가 향상될 수는 없다.

이 책은 읽고 나서 여러 가지 상황의 어프로치샷을 확실하게 머릿속에 그려볼 뿐만 아니라 실제 클럽을 쥐고 연습이나 라운드에서 시도해 보기를 바란다.

새로운 경지에 서있는 자신을 실감하게 되며 반드시 스코어 향상으로 연결될 것이다.

이 책이 당신의 골프에 큰 역할을 할 것을 절실히 기원한다.

지난번에 출간한 '과학적 골프로 90타, 80타의 벽을 깨는 방법'에 많은 호응을 해주신 독자들에게 감사의 말씀을 드린다.

사실 이 책은 골프의 총론에 관한 내용 위주였기 때문에 실제로 스코어 향상에 바로 직결할 수 있는 내용의 책이 필요하다고 생각하였는데 그동안 스윙, 퍼트 등에 관한 책은 수없이 많이 발간되었지만 어프로치에 관한 책은 국내에서 발간되지 않았던 것이 사실이다.

아마추어들이 가장 쉽게 숙달할 수 있는 기술이 어프로치이다. 스윙이나 퍼트 등은 시간을 가지고 꾸준히 숙달하도록 하고 단기간에 쉽게 스코어를 줄일 수 있는 어프로치에 관해 체계적으로 정리한 이 책의 내용을 숙지하여 여러분들의 스코어가 향상되는, 재미있고 행복한 골프가 되기를 바란다.

2018.8

옮긴이